Paul C. Martin

Paul C. Martin

Wann kommt der Staatsbankrott

Paul C. Martin

Wann kommt der Staats bankrott

Wirtschaftsverlag Langen-Müller/Herbig

© 1983 by Wirtschaftsverlag Langen-Müller/Herbig
Albert Langen · Georg Müller Verlag GmbH, München
Alle Rechte vorbehalten
Schutzumschlag: Christel Aumann, München
Gesamtherstellung: Jos. C. Huber KG, Dießen
Printed in Germany
ISBN: 3-7844-7119-6

Inhalt

Schauen Sie auf *diese Menschen,* bevor Sie anfangen, dieses Buch zu lesen:

Mexiko City, **Mittwoch, 18. August 1982.** Mexiko das Land mit den größten Ölreserven der Welt, hat soeben Bankrott erklärt.

9

Verzweifelte Sparer scharen sich um den Auszahlungsschalter der Staatskasse. In ihren Händen die wertlosen Staatsanleihen. Die Beamten blicken teilnahmslos.

Beim mexikanischen Staatsbankrott, dem größten seit dem Zweiten Weltkrieg, verlieren die Sparer weltweit über 250 Milliarden Mark. Das entspricht etwa den Ausgaben der Bonner Bundesregierung während eines Jahres.

Sie glauben, Mexiko sei weit weg; So etwas könne bei uns hier nie passieren?

Sie irren sich!

Deutschland hat in diesem Jahrhundert schon dreimal Staatsbankrott gemacht.

Und der **vierte deutsche Staatsbankrott** steht vor der Tür. Wollen Sie dann Ihre Hände ins Leere strecken?

Die Grundlagen

Damit Sie endlich den »Staat« verstehen

»Mother,
should I trust the Government…?«

*Pink Floyd, »The Wall«
1980*

Was ist das – der Staat?

Beim Wort »Staat« stellen wir uns immer etwas Kompliziertes und Unangenehmes vor. Wir müssen beim Einwohnermeldeamt einen Paß beantragen. Wir haben falsch geparkt, die Bußgeldstelle will kassieren. Wir wollen eine Boutique eröffnen, brauchen einen Gewerbeschein.

Staat ist auch, was wir abends am Fernseher immer gleich als erstes serviert bekommen. Außenpolitik, Innenpolitik, Steuerpolitik. Kriege, Parlamentsdebatten, Konferenzen in fernen Luxushotels.

Vergessen wir das alles.

Staat ist in Wirklichkeit ganz einfach: Politiker, die etwas entscheiden, Beamte, die das dann ausführen. Was Politiker entscheiden, was Beamte ausführen, das kostet Geld. Nur darum geht es, um Geld.

Geld einnehmen, Geld ausgeben: das ist der Staat, der uns hier interessiert.

Woher kommt das Geld?

Sein Geld besorgt sich der Staat beim Steuerzahler. Es gibt niemanden sonst, der dem Staat Geld gibt, außer den Steuerzahler. Der Staat selbst hat nichts, der Staat selbst verdient nichts.

Wenn der Staat nicht genug Steuern einnimmt, um seine Ausgaben zu bestreiten, macht er Schulden. Das heißt: er verspricht, das Geld durch die *Steuern späterer Jahre* aufzubringen.

Anders als durch Steuern können Staatsausgaben nie gedeckt werden. Entweder durch die Steuern von heute oder die Steuern von morgen.

Nehmen wir an, ein Staat hätte keine Steuereinnahmen. Solche Staaten ohne Steuern gibt es heute noch. Zum Beispiel Monaco oder das Fürstentum Liechtenstein.

Der Staat ohne Steuern will nun Geld ausgeben, weil die Politiker so entschieden haben. Er will für jedes neugeborene Kind eine Prämie bezahlen.

Da der Staat keine Steuern kassiert, geht er zur Bank, um sich Geld zu pumpen. Was wird die Bank sagen?

Da du keine Steuern einnimmst, Staat, kann ich dir auch keinen Kredit geben. Denn womit willst du jemals die Zinsen und das Geld zurückzahlen?

Staaten können also nur Schulden machen, weil sie Steuern einnehmen. Und weil sie glaubhaft machen können, daß diese Steuern auch in Zukunft fließen. Andere Staatseinnahmen außer Steuern aber gibt es nicht.

Warum macht der Staat Schulden?

Professor Milton Friedman aus Chikago ist Nobelpreisträger für Wirtschaft. Friedman ist ein kleines, lebhaftes Männchen, er ist Jude und mit dem messerscharfen Witz seiner Rasse gesegnet.

Professor Friedman sagt: Es gibt vier Arten, Geld auszugeben. 1. Man gibt sein Geld für sich selber

14

aus. Dabei ist man besonders sparsam, fragt sich, brauche ich unbedingt diese neue Krawatte, die alte tut es doch auch. 2. Man gibt sein Geld für andere aus. Da werden die Menschen schon großzügiger. Sie machen Geschenke, der matte Glanz eines Perlencolliers strahlt schließlich auch auf den Ehemann zurück. 3. Man gibt fremder Leute Geld für sich aus. Da fallen schon die meisten Schranken, denken wir nur an das Spesenmachen: Diese Flasche Schampus zahlt die Firma, Herr Ober, bitte eine Rechnung »Speisen und Getränke«! 4. Man gibt fremder Leute Geld für andere aus. Da gibt es dann kein Halten mehr.

Professor Friedman hat recht. Der Bürgermeister, der seiner Stadt ein neues Hallenbad spendiert: er gibt fremder Leute Geld für andere aus. Der Ministerpräsident, der eine neue Universität einweiht. Der Bundeskanzler, der verkündet: jetzt gibt es mehr Wohngeld, mehr Kindergeld, höheres BA-FöG.

Alle diese Leute sind Politiker. Sie geben Geld aus, das ihnen nicht gehört. Sie geben es für Leute aus, damit diese auf sie hören.

Und sie wiederwählen.

Beim einfachen Geldausgeben bleibt es natürlich nicht. Also in dem Sinne: Hier sind die und die Steuern eingekommen, die gebt ihr Politiker jetzt irgendwie aus.

Politiker haben starke Konkurrenz. Andere Politiker, die auch an die Macht wollen, Bürgermeister werden, Ministerpräsident, Bundeskanzler. Immer ist ein anderer da, der das auch machen möchte.

Und damit sich der andere vom Amtsinhaber (oder der vom Herausforderer) besser unterscheidet, sagt er nicht einfach: Ich gebe das Geld anders aus.

Sondern er sagt: Ich gebe Geld für das *und* anderes aus. Er sagt nicht: Ich gebe *mehr* Geld aus. Denn dann würde man ihm sofort die Frage stellen: Und woher? Nein, Politiker sind schlau. Ihre große Kunst besteht darin, so zu tun, als könnten sie mehr Geld für bessere Zwecke ausgeben, ohne daß dadurch die Steuern steigen. Sie müssen also über kurz oder lang *Schulden machen.*

Wenn dann der Politiker an der Macht ist, stellt er seinen »Haushaltsplan« auf. Ein Haushaltsplan ist nichts anderes als die Versprechungen der Politiker in bare Münze gerechnet: Mehr für die Rüstung, mehr für die Bildung: im Haushaltsplan steht konkret, was das dann kostet.

Schauen wir uns jetzt die Entwicklung von Einnahmen und Ausgaben des Staates an.

Die Einnahmen: Sie werden ungern geleistet

Staatseinnahmen sind Steuern oder Schulden, d. h. vorweggenommene Steuern. Die »sonstigen« Staatseinnahmen, wie Gebühren oder die Abführungen von Staatsbetrieben (Post, Staatsbank) lassen wir zunächst beiseite; sie werden uns bei den konkreten Beispielen noch interessieren.

Steuern sind Zwangsabgaben. Sie werden nur ge-

16

zahlt, weil man muß. Wer seine Steuern nicht bezahlt und von der Steuerfahndung aufgespürt wird, hat mit langjährigen Gefängnisstrafen zu rechnen. Steuerhinterziehung wird inzwischen härter bestraft als Totschlag. Die Schauspielerin Ingrid van Bergen erschoß ihren Geliebten, wurde zu sieben Jahren Freiheitsentzug verurteilt und war nach vier Jahren wieder frei. Der Hamburger Kaufmann Jens-Peter K. stand zur selben Zeit wegen Steuerhinterziehung in Höhe von 1,5 Millionen Mark vor Gericht. Er bekam zehn Jahre und sitzt immer noch.

Die Steuern werden unter Androhung der Existenzvernichtung eingetrieben, letztlich mit der Waffe in der Hand: wenn der Gerichtsvollzieher die Wohnung eines Steuerzahlers aufbrechen läßt, der nicht gezahlt hat, begleiten ihn Polizisten mit der Dienstpistole. Es gibt zahlreiche Geschichten, wie Steuerfahnder wüten, morgens um 5 Uhr die Tür eintreten, den Fußboden aufreißen (neuerdings werden die geheimen Safes gern unter den Betten eingebaut), Schubladen erbrechen.

Daß Steuern nichts anderes als Macht, Geld und Zwang bedeuten, versucht der Staat natürlich zu vertuschen. Der Prozeß des Steuer*zahlens* wird immer mehr vom Steuer*zahler getrennt*. Der Arbeiter muß zwar Einkommensteuer bezahlen, aber die heißt »Lohnsteuer«, weil sie gleich bei der Lohnzahlung mit erledigt wird. Die Steuern zahlt der Betrieb. Die Hausfrau muß Umsatzsteuer bezahlen, aber die heißt schon »Mehrwertsteuer«, so als ob etwas besteuert wird, das es gar nicht anders verdient (der »Mehrwert«, so eine Art Gewinn vielleicht). Und

17

die Mehrwertsteuer zahlt dann nicht die Hausfrau, sondern sie ist unmerklich im Preis enthalten. Gezahlt wird sie vom Kaufmann. Die meisten Steuern sind so im Preis versteckt: die Tabaksteuer, wenn wir Zigaretten ziehen, die Branntweinsteuer, wenn wir einen Klaren nehmen, die Benzinsteuer, wenn wir tanken. So Auge in Auge steht der normale Bürger dem Finanzamt nur gegenüber, wenn er seine Kfz-Steuer bezahlt, aber das geht beim Anmelden des neuen Autos in einem Aufwasch.

Zwischen den Steuerzahler und der Steuerzahlung hat der Staat längst Hilfskräfte geschaltet, die das böse ungeliebte Geschäft für ihn erledigen: die *Betriebe*. Dort, und nicht in den Finanzämtern, kommen die Steuern zuerst zusammen: Lohnsteuer, Mehrwertsteuer, Verbrauchsteuern... So wird eine direkte Konfrontation zwischen Staat und Steuerzahler vermieden. Wenn sich eine Sekretärin im Lohnbüro beschwert, daß ihr *nach* einer Gehaltserhöhung so viel mehr abgezogen wird, daß sie weniger hat als vorher, wird das Gehaltsbüro immer auf die »Tabelle« verweisen und die »Vorschriften«, wo alles drinsteht. So raucht der Zorn der jungen Frau ins Leere.

Dennoch versucht natürlich jeder Steuerzahler seine Last zu mindern. Wer seine Umsätze noch brutto für netto hat, wie ein Zahnarzt, der das Geld für seine Bemühungen voll von der Krankenkasse überwiesen bekommt, der wird versuchen, bei anderen Einkunftsarten »Verluste« zu produzieren, zum Beispiel, indem er Wohnungen baut. Damit schafft er sich Anlaufkosten, die er gegen seine Zahnarzt-Einkünfte aufrechnen kann: insgesamt zahlt er so weniger, oder, wenn er es besonders schlau anpackt, gar keine Steuern.

Auch wo die Steuern schon abgezogen sind, wie bei der Masse der Bürger, die abhängig beschäftigt sind und eine Lohnsteuerkarte beibringen müssen, wird alles versucht, um noch Geld vom Finanzamt zurückzuholen: man macht einen »Lohnsteuerjahresausgleich«, baut auch eine Wohnung, die man dann über den Paragraphen 7b absetzen kann, reicht Belege ein: Pakete an Verwandte im Osten, Ausgaben für Berufskleidung, Kosten für die Führung des Kontos.

Auch die ganz großen Steuerzahler, die Unternehmen, tun alles, um die Steuerlast zu mindern. Denn das Geld für die Steuer ist unwiderruflich verloren. Also werden teure Spezialanwälte beauftragt, neue Investitionen durchgerechnet, bei denen man auch was »abschreiben« kann; schließlich wird in Ländern produziert, die steuerlich günstiger liegen.

Kurzum: Jeder versucht so wenig Steuern zu bezahlen, wie möglich. In der Natur der Staatseinnahmen liegt also eine *Tendenz zum Weniger,* nicht zum Mehr.

Man darf sich dabei nicht von der Tatsache täuschen lassen, daß die Staatseinnahmen immer und immer gestiegen sind. Das ist richtig. Es stimmt auch, daß der Staat seine Steuersätze so geschickt konstruiert hat, daß solche Steuereinnahmen fast automatisch einkommen müssen. Was dies für die ganze Wirtschaft bedeutet, wird uns noch später beschäftigen. Hier geht es aber zunächst um die Natur der Staatseinnahmen: da sie *zwangsweise* gezahlt werden müssen, besteht bei den Bürgern der große Wunsch, sich diesem Zwang zu entziehen. Dieser Wunsch wird um so mächtiger, je mehr man schon Steuern zahlt.

Die Staatseinnahmen nehmen also *eher ab als zu.*

Die Ausgaben: Sie werden sehr gern geleistet

Ganz anders ist es bei den Staatsausgaben. Sie sind das in barem Geld ausgedrückte Programm der Politiker. Wo kein Geld ausgegeben wird, kann kein Geld eingenommen werden – vom Bürger, der zugleich Wähler ist.

Es ist logischerweise das Bestreben des Politikers, immer möglichst viel Geld auszugeben, zumal es ihm nicht gehört. Wenn Politiker vom »Sparen« reden, sind das nur leere Worte. Denn im Wortsinn bedeutet Sparen »weniger ausgeben«. Wenn der Staat tatsächlich weniger ausgäbe, würden das die Bürger spüren, die das Geld bisher bekommen haben. Niemand läßt sich aber gern Geld wegnehmen, schon gar nicht Geld, mit dem man fest »gerechnet« hat, weil es vom Staat gekommen ist.

Politiker, die tatsächlich sparen, würden verflucht und als »Betrüger« oder Leute, die ihre »Versprechen nicht halten«, aus den Ämtern gejagt. Sparen im Sinne von »weniger ausgeben« ist der sichere politische Selbstmord.

Wenn in der Politik von Sparen die Rede ist, dann

immer nur in dem Sinne, daß *weniger schnell mehr* ausgegeben wird. Wenn die Renten zum Beispiel aufgrund irgendeines Wahlversprechens in einem Jahr um 10 Prozent steigen sollten, dann aber – aufgrund von »Sparbeschlüssen« – nur um 8 Prozent steigen: das sind dann solche »Einsparungen«, die in der Politik überhaupt nur möglich sind.

Eine klare Senkung von Ausgaben mag vorübergehend in unbeschwerten Randbereichen der Politik möglich sein, z. B. wenn der Staat bestimmte Zuschüsse zu kulturellen Veranstaltungen streicht oder Beihilfen oder das Taschengeld etwa für alte, hilflose Sozialrentner.

Daß die Ausgaben aber insgesamt zurückgenommen werden, was allein »Sparen« heißen könnte – das ist ganz ausgeschlossen. Selbst wenn dies ein sehr entschlossener Politiker auf sich nähme: Sparen, ohne Rücksicht auf die Wiederwahl – er müßte schon allein deshalb scheitern, weil viel zuviele Ausgaben mit eingebauter automatischer Steigerungsrate existieren.

So werden die Beamten und Angestellten im öffentlichen Dienst immer mehr fordern, weil auch die Arbeiter und Angestellten in der Privatwirtschaft mehr bekommen haben. Die Rentner bekommen mehr, weil dies im Gesetz so festgeschrieben ist (die Renten steigen, wie die Löhne vorangegangener Jahre). Dann wird alles teurer, der Sprit für die Übungsflugzeuge der Luftwaffe, die Heizkosten für die Büros der Beamten, die Ausgaben für einen Kilometer Autobahn (die wiederum steigen, weil dort die Löhne steigen), und so weiter.

In der Natur der Staatsausgaben liegt also eine *Tendenz zum Mehr,* nicht zum Weniger. Die Staatsausgaben nehmen also eher zu als ab.

Wenn wir nun ein Ideal-Jahr Null annehmen, mit gleich hohen Einnahmen und Ausgaben, dann wirken die zwei ganz verschiedenen Kräfte, die wir in der Abbildung 1 erkennen.

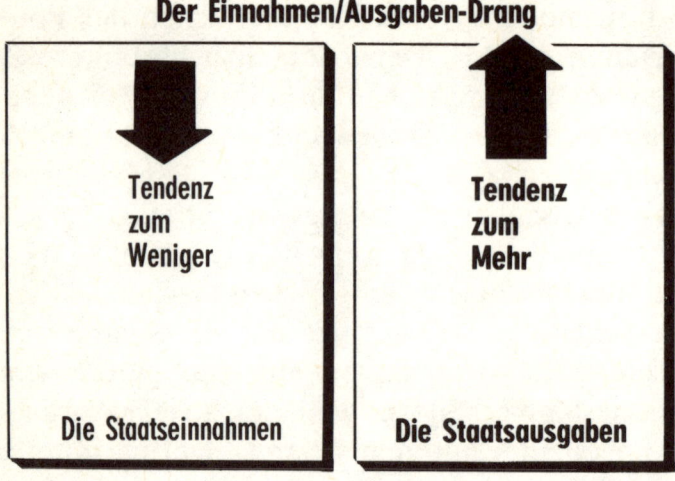

Abb. 1: Der Einnahmen/Ausgaben-Drang.

Haushaltsplan und Haushaltsabwicklung.

Für die Einnahmen und Ausgaben gibt es eine Menge gesetzlicher Regelungen. Der Politiker kann nicht einfach so drauflos wirtschaften; er muß *vor* jedem Jahr einen »Haushaltsplan« aufstellen, in dem er die Einnahmen den Ausgaben gegenüberstellt.Dieser Haushaltsplan hat einen großen Nachteil: die Einnahmen sind nur *geschätzt,* die Ausgaben sind aber *sicher.* Während der Finanzminister die Entwicklung der Steuern nur abwarten kann (sie können höher einkommen, niedriger oder genauso, wie geplant), weiß er bei den Ausgaben ganz genau Bescheid: *Das Geld, das in den Haushaltsplan eingesetzt wurde, das darf auch ausgegeben werden.*

Damit die Politiker wegen ihrer Wirtschaft nicht zur Rechenschaft gezogen werden können, hat ein solcher Haushalt *Gesetzeskraft.* Der Politiker kann selbst angesichts der größten Verschwendung von Steuergeldern immer sagen: Es ist vom Parlament so beschlossen worden, daß dieses Geld dafür ausgegeben wird. Wir haben uns nur an dieses Gesetz gehalten. Ende.

Was die Politiker zum Gesetz erklärt haben, der Haushaltsplan, wird nun in den unteren Instanzen von Beamten »vollzogen«. Sie geben das Geld aus, das sie ausgeben dürfen. Und sie geben natürlich *alles* Geld aus. Selbst wenn ein Haushaltstitel, also die gesetzliche Ermächtigung, einen bestimmten Betrag auszugeben, nicht voll auszunutzen wäre, weil er zu großzügig angesetzt ist: am Jahresende ist das Geld doch ausgegeben. Denn was in einem Haushaltsjahr bis zum 31. Dezember nicht ausgegeben ist, das verfällt unwiderruflich. *Für den Beamten ist also umgekehrt »Verschwendung«, was für den Steuerzahler »Sparen« wäre.*

Nehmen wir den Professor in einem Universitäts-Institut. Er darf für neue Bücher in einem Jahr 20 000 Mark ausgeben. Mitte Dezember stellt er fest, daß er erst 10 000 Mark ausgegeben hat. Es gab nicht mehr auszugeben, weil nicht mehr Bücher erschienen sind, die für sein Institut von Interesse wären. Wird der Professor auf die 10 000 Mark verzichten, die ihm und seinem Institut eigentlich »zustehen«?

Da er die 10 000 Mark faktisch ja besitzt, wäre ein Verzicht darauf eine Geldverschwendung. Das schöne Geld, irgendjemand anders würde es ausgeben. Der Professor wird also alles daransetzen, die 10 000 Mark noch bis zum Jahresende auszugeben. Er wird Bücher kaufen, die sein Institut gar nicht so dringend benötigt.

Dies wird der Professor schon deshalb machen, damit ihm im nächsten Jahr nicht Mittel gestrichen werden. Die Haushaltspläne der Behörden richten sich natürlich nach den jeweiligen Ausgaben der einzelnen Jahre. Und wenn ein Beamter mit immer weniger Geld ausgekommen ist, wird ihm natürlich auch immer weniger zugeteilt...

Selbst ein sparsamer Beamter wird es für seine Pflicht halten (wozu noch eine gewisse »Fürsorge« für seine Untergebenen tritt), alles Geld auszugeben, das er laut Haushaltsplan ausgeben darf.

Selbst wenn ein bestimmter Haushaltstitel nicht ausgeschöpft werden kann, zum Beispiel, weil eine Stelle nicht mit dem richtigen Fachmann zu besetzen war, wird der Beamte im Interesse der »Sache« (des Instituts, der Behörde, der Kompanie, des Amts usw.) alles tun, nur um das Geld *nicht zurückgehen* zu lassen. Da wird dann die Stelle geteilt, mit Hilfskräften besetzt oder für sonstige Personalzwecke verwendet. Dieses Haushaltsgebaren wird noch durch die Möglichkeit erleichtert, einen Titel zu überziehen, wenn man das Geld bei einem anderen Titel spart. So sind laut Haushaltsrecht Personal- und Sachausgaben grundsätzlich untereinander austauschbar. Wenn der Beamte also auf die neue Büroeinrichtung verzichtet, kann er den Titel dennoch »ausschöpfen«, indem er seinen Dienstwagen um eine Nummer größer wählt, usw.

Dann gibt es natürlich auch offene Verschwender. Beamte, die ihren Haushalt ganz ohne Skrupel überziehen. So hatte sich der Chef eines Instituts zur Erforschung humanerer Arbeitsbedingungen diesen Auftrag so sehr zu Herzen genommen, daß er die Ausgaben, die ihm für seine Diensträume zur Verfügung standen, um ein Vielfaches überzog. Er wurde vom Dienst suspendiert.

Was an Verschwendung tagein, tagaus geschieht, trägt der Bund der Steuerzahler sorgfältig zusammen. Die Beispiele sind nicht mehr zu zählen. Der inzwischen verstorbene langjährige Chef des Bundes der Steuerzahler, Professor Willy Haubrichs, hat ein ganzes Buch mit dem Titel zusammengetragen »Die Verschwendung – Der Mißbrauch unserer Steuergelder« (Wirtschaftsverlag Langen-Müller/Herbig). Es hat wenig Sinn, sich hier an Einzelheiten aufzuregen. Bei der Untersuchung der Staatsfinanzen kommt es nur darauf an, festzuhalten, daß der Staat vom planenden, versprechenden Politiker bis herunter zum kleinsten ausführenden Beamten *grundsätzlich verschwendet*. Dies liegt im Staat ganz einfach drin, das ist sein Konstruktionsmerkmal.

Beamte verschwenden nicht nur, um sich selbst nicht zu schaden (jede Minderausgabe würde zu einer Einschränkung in späteren Jahren führen). Sie praktizieren auch gern das Prinzip des »Vorab«. Dabei wird schon über Geld verfügt, das noch gar nicht eingekommen ist. Ein schönes Beispiel hierfür war die Deutsche Stiftung für internationale Entwicklung in Berlin. Dort wurde planlos in den Tag hinein gewirtschaftet, es wurde bestellt, es wurde gereist. Und wenn dann die Rechnungen kamen, wurde der Lieferant auf das nächste Haushaltsjahr vertröstet: dann würde er aus diesem Titel schon bezahlt. Allein die Lufthansa schob dabei unbezahlte Rechnungen in Höhe von mehreren hunderttausend Mark vor sich her. Der technische Ausdruck für dieses Ausgabe-Verhalten klingt dann auch ganz logisch: es heißt »Bugwelle«. Wie die Schiffe schieben also die Behörden etwas vor sich her. Die Kapitäne das Wasser, die Beamten die unbezahlten Rechnungen.

Die Verschwendung von Steuergeldern und der damit erzeugte ständige Druck, die Staatsausgaben auszuweiten, ist jedoch nicht nur auf den Vollzug des jeweiligen Haushalts begrenzt. Die Verschwendung beginnt früher, bereits bei der Aufstellung der einzelnen Etats.

Um einen Haushaltsplan überhaupt in den Griff zu bekommen, muß letztlich geschätzt werden: wie hoch werden die Steuereinnahmen voraussichtlich sein? Was wird das und das kosten, was ich in den Ausgaben plane? Das Haushaltsjahr entwickelt sich also in Abhängigkeit von der Qualität der Propheten, die im Finanzministerium (für die Einnahmen) und in den einzelnen Fachressorts (für die Ausgaben) sitzen.

Wenn jemand regiert, will er es natürlich schön haben und schön machen. Ein Politiker, dem man von vornherein sagt: Hier geht nichts – außer Blut, Schweiß und Tränen – der hätte wenig Lust, überhaupt an die Regierung zu kommen. Wenn man schon so etwas macht, will man wenigstens auch etwas anstellen können, etwas »bewegen«, wie dies im Politik-Jargon der 70er Jahre hieß. Bewegung bedeutet Schwung, und entsprechend gehen die Politiker auch vor. Schließlich sind sie davon überzeugt, daß ihr Auftreten und ihre Handhabung der Macht die Dinge verbessert. Daß, zum Beispiel, mehr Steuern einkommen, weil die Wirtschaft besser läuft oder daß die Staatsbauten kostengünstiger abgewickelt werden können, weil man die Inflation »in den Griff« bekommen hat.

Kurzum: Politiker sind von Natur aus Optimisten, Leute, die glauben, daß durch ihre Existenz, durch ihre »Politik« alles aufwärts, leichter, besser geht. Dieser Optimismus setzt sich in den Behörden nach unten fort. Natürlich machen sich diejenigen Beamten besonders beliebt (und werden alsbald befördert), die mit angenehmen Zahlen aufwarten können: daß die Steuereinnahmen sich glänzend entwickeln, daß man die neue Autobahn für viel weniger Geld bauen kann, als ursprünglich vorgesehen, daß sich überhaupt die ganze Lage in Wirklichkeit besser entwickelt als sie von irgendwelchen Miesmachern der Opposition dargestellt wird.

In der Natur des Staates liegt also nicht nur der permanente Ausgabendruck, sondern auch eine *unerhörte Selbsttäuschung*. Was immer der Staat anpackt: es wird zum Teil grotesk an der Wirklichkeit vorbeigeplant. Nur so sind die ständigen Überschreitungen der Kostenansätze bei staatlichen Bauten zu erklären. Das Großklinikum in Aachen war ursprünglich für 620 Millionen Mark geplant worden, inzwischen kostet es über zwei Milliarden Mark. Militärflugzeuge, wie der »Tornado« übersteigen den Kostenplan um das Fünffache. 1974 sollte der Flieger 20 Millionen kosten (»plus Inflationsrate«); acht Jahre später kostet der Tornado über 100 Millionen. Die »Inflationsrate« für diese spezielle Staatsausgabe liegt damit um ein Zehnfaches über der Inflationsrate der Wirtschaft insgesamt, um die das Flugzeug hätte teurer werden dürfen. Der »Schnelle Brüter«, ein neuer Atomreaktor, in Kalkar sollte Anfang der 70er Jahre 800 Millionen Mark kosten. Preisschild Mitte 1982: 6,5 Milliarden Mark – das Achtfache. Und noch ist der Brüter längst nicht fertig...

Wie sehr sich der Staat verrechnet (weil das in seinem Wesen liegt), beweist die Geschichte mit der »mittelfristigen Finanzplanung«, kurz »Mifrifi« genannt. Diese Finanzplanung sollte jeweils über 5 Jahre hinweg reichen und dem Bundesfinanzminister bei der Aufstellung der laufenden Haushalte als Stütze dienen. Wenn man alles über einige Jahre hinweg fest plant und nicht jedes Jahr ein neues Hoppla-Hopp veranstaltet, so lautete die Philosophie der Mifrifi, die ihr Schöpfer, der damalige Wirtschaftsminister Karl Schiller vortrug, dann würde sich alles »verstetigen«: es käme mehr Ruhe in die Staatsfinanzen und damit in die Wirtschaft insgesamt.

Nach 15 Jahren wurden die Ergebnisse der Mifrifi

untersucht. Es war verheerend. Nicht eine Planzahl stimmte auch nur in etwa mit der Realität überein. Nach 5 Jahren ergaben sich Abweichungen bis zu 61,3 Prozent (bei den Verwaltungseinnahmen). Die Planungen der Zinsausgaben lagen um 17,1 Prozent daneben und selbst die Angaben über die Personalausgaben, die wirklich nicht so schwer zu schätzen sind, da die Personalstärken im öffentlichen Dienst bekannt sein sollten, wichen um fast 14 Prozent vom Soll ab.

Die Aufstellung des Bundeshaushaltes für 1983 enthüllte vollends, wie der Staat immer wieder wirtschaftet. Zunächst werden vom Finanzminister bei den einzelnen Ressorts die Ausgaben abgefragt. Ausgaben, die etwas Schönes darstellen, zum Beispiel Soziales oder »öffentliche Investitionen« werden planmäßig nach oben gesetzt: schließlich will der Politiker die Welt verbessern. Ausgaben, die auf etwas Unschönes hinweisen, zum Beispiel die Zuschüsse an die Bundesanstalt für Arbeit, weil es soviele Arbeitslose gibt, werden dagegen möglichst gering gehalten. Sonst würde der zuständige Minister zugeben, daß er da ein Problem hat, das er nicht in den Griff bekommt. Ausgaben schließlich, die sein müssen, Lohnerhöhungen oder Staatsanlagen, die zu Ende geführt werden, werden ebenfalls günstiger dargestellt als sie dann in Wirklichkeit eintreffen werden. Bei den Löhnen für die öffentlich Bediensteten nimmt der Innenminister, der dann mit der Gewerkschaft ÖTV verhandeln muß, eine möglichst niedrige Zahl, damit er sagen kann: Ich kann nicht mehr geben, weil ich nicht mehr habe.

Bei den Bauten wird auch möglichst wenig aufgeschlagen, damit eine hohe Kostensteigerung nicht überall mißverstanden wird: Aha, selbst der Staat rechnet also im nächsten Jahr mit dieser hohen Inflationsrate, also können auch wir in Ruhe entsprechend aufschlagen.

Der Haushalt wird also von den Politikern auch als *Signal,* als Ausdruck eines Wunsches (und damit eines Wunschdenkens) mißbraucht. Er kann also in weiten Teilen schon *von vornherein nicht stimmen.*

Dann müssen die Einnahmen geschätzt werden. Dazu gibt es besondere Steuerschätz-Kommissionen, die jedoch fast nur aus Beamten bestehen. Ob die Schätzung also richtig ist oder falsch: es spielt überháupt keine Rolle. Dem Schätzer kann überhaupt nichts passieren. Der Steuerschätzer steht mit überhaupt nichts für seine Fehler ein – und entsprechend hoch sind die Fehler dann auch.

So basierte der Haushaltsentwurf für 1983 auf Einnahmen, die ein Wachstum der gesamten Wirtschaft von real (also nach Abzug der Inflationsrate) sage und schreibe 3 Prozent voraussetzten. Als diese Zahlen überall mit Hohnlachen zurückgewiesen wurden, erklärte der Bundeswirtschaftsminister und Beamten-Vorgesetzte Otto Graf Lambsdorff: »Ich wehre mich mit allergrößter Entschiedenheit gegen die offenen und versteckten Vorwürfe, dieser Haushalt basiere auf getürkten, geschönten, gefälschten, unehrlich dargestellten Annahmen für die Wirtschaftsentwicklung.«

Der Graf erregte sich ganz ohne Not. Denn immer und überall sind Haushaltspläne und die ihnen zugrunde liegenden Annahmen über die »wirtschaftliche Entwicklung« getürkt, geschönt, gefälscht und unehrlich dargestellt. Das ist eben der Staat.

Wir kommen also zur nächsten Klarstellung. Die Staatseinnahmen haben nicht nur die *Tendenz,* weil sie Steuern sind, immer geringer auszufallen, als vorgesehen. Sie fallen auch *tatsächlich geringer* aus. Dies liegt in der Natur der Politik, nämlich sich selbst zu täuschen. Aus diesem Grunde fallen auch die Ausgaben grundsätzlich höher aus, als angenomen, zumal das Haushaltsrecht mit seiner Wegnahme von »Kassenresten« nach Abschluß eines Jahres die Verschwendung fördert. Siehe Abbildung 2.

Verwaltungskosten und Schuldenzwang

Jeder Staat, jeder öffentliche Haushalt ist aufs Schuldenmachen angelegt. Das kann nicht anders sein, wie die Technik der Aufstellung und Abwicklung von Haushaltsplänen beweist.

Es gibt jedoch noch einen anderen Grund, warum es Staatsschulden geben *muß:* weil der Staat an den Bürger immer weniger auszahlt, als er eingenommen hat. Die Ausgaben für die Bürger können nie die Einnahmen erreichen, die den Bürgern in ihrer Funktion als Steuerzahler abgezogen wurden. Denn der Staat hat seine eigenen Kosten.

Politiker, Beamte, Beschäftigte im Öffentlichen Dienst: das alles kostet Geld. Dieses Geld geht nicht mehr an den Steuerzahler zurück. Es bleibt als staatliche Aufwendungen bzw. »Verwaltungskosten« irgendwo hängen.

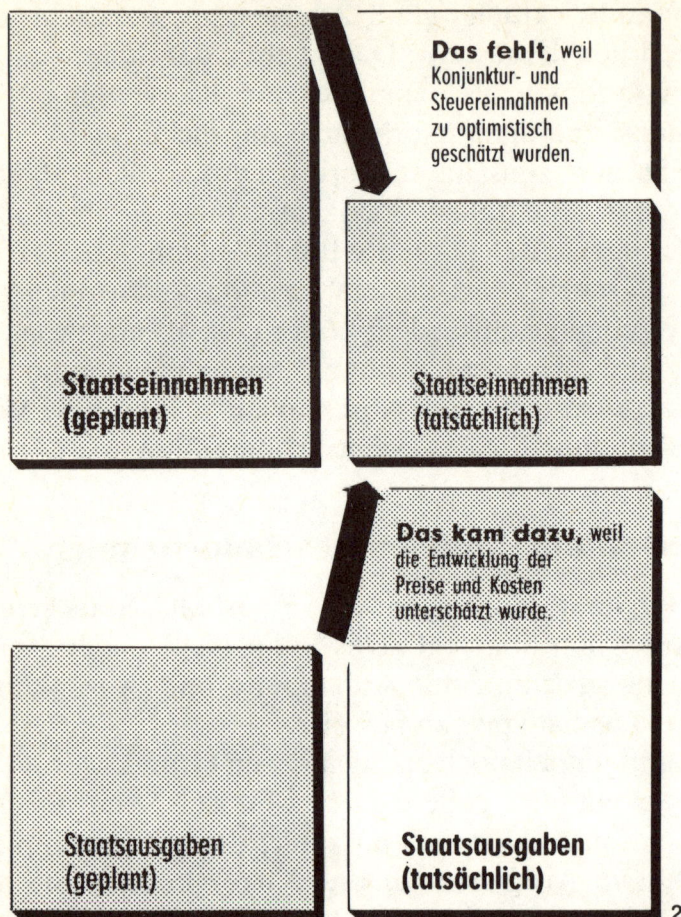

Der Staat vertut sich immer wieder

Staatseinnahmen (geplant)

Das fehlt, weil Konjunktur- und Steuereinnahmen zu optimistisch geschätzt wurden.

Staatseinnahmen (tatsächlich)

Das kam dazu, weil die Entwicklung der Preise und Kosten unterschätzt wurde.

Staatsausgaben (geplant)

Staatsausgaben (tatsächlich)

Abb. 2: Der Staat vertut sich immer.

Diese Verwaltungskosten liegen je nach Behörde oder Fläche der öffentlichen Hand zwischen 5 und 10 Prozent. Würde also jedes Jahr dem Bürger aus der einen Tasche ein 1000-Mark-Schein genommen, während man ihm anschließend nur noch neun Hundertmark-Scheine in die andere Tasche zurück-

schiebt, würde ihm das sehr schnell komisch vorkommen. Er würde dies als Betrug durchschauen und bemerken, daß der Staat zwar immer behauptet, er würde »mehr« geben oder »zusätzlich«, in Wahrheit aber weniger, eben das, was man vorher an Steuern gezahlt hat, abzüglich der *Kosten für die Wiederausgabe dieser Steuern an die gleichen Leute.*
Wenn ich einer Firma Geld gebe, indem ich ihre Aktien kaufe, ist alles klar: die Firma wird mir mehr zurückzahlen, weil sie mit dem Geld inzwischen arbeitet. Wenn ich dem Staat aber Geld gebe (noch dazu unfreiwillig), ist ebenso klar: ich kann nur weniger zurückbekommen, weil der Staat eben nicht mit dem Geld arbeitet, sondern es nur wieder auszahlt.
Niemand geht aber ständig an eine Kasse, um dort Geld einzuzahlen, wenn er weiß, daß er das Geld nur abzüglich des Gehalts für den Kassierer wieder herausbekommt. Abbildung 3 zeigt das Kassierer-Problem.

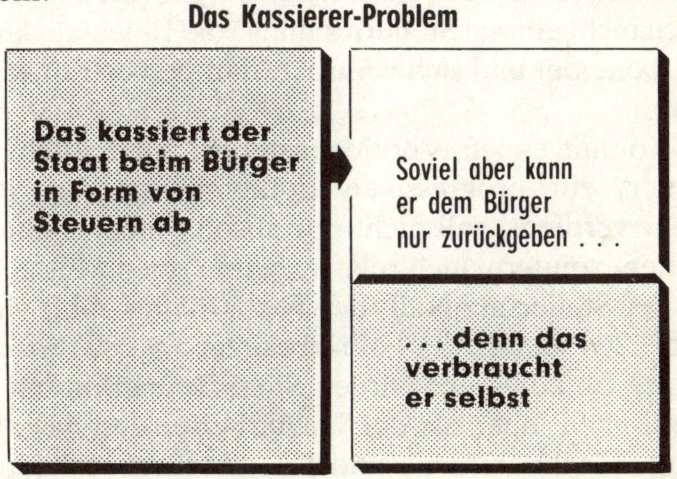

Das Kassierer-Problem

Das kassiert der Staat beim Bürger in Form von Steuern ab

Soviel aber kann er dem Bürger nur zurückgeben . . .

. . . denn das verbraucht er selbst

Abb. 3: Das Kassierer-Problem

Der Staat hat nun zwei Möglichkeiten, mit dem Kassierer-Problem fertig zu werden: er kann in den Raum ausweichen oder in die Zeit.

Der Raumgewinn

Zuerst weichen die Politiker in den Raum aus, um den Aha-Effekt beim Steuerzahler zu vermeiden (»Mensch, ich krieg' ja weniger, als ich bezahlt habe!«). Der Raum: das sind »andere« Steuerzahler, die stärker belastet werden, damit die Mehrheit der Steuerzahler nicht bemerkt, was gespielt wird.

Alle Steuern, die auf die »Reichen« oder die »Besserverdiener« gelegt werden, sind nichts anderes als der Versuch der Politiker, Raum zu gewinnen. Solche Steuern sind zunächst auch ohne Probleme einzuführen, weil die Mehrheit der Bürger (die zum Teil noch nicht einmal Steuern zahlen) die Reichen ohnehin beneidet und sich wünscht, daß sie bestraft werden.

So kommt es zur Vermögensteuer, zur Erbschaftsteuer, zur progressiven Einkommensteuer: wer mehr verdient, soll nicht nur absolut mehr Steuern zahlen, sondern auch relativ: beim armen Muttchen ist der Steuersatz Null, der Facharbeiter zahlt vielleicht 20 Prozent, der Fabrikbesitzer aber 80 Prozent seines Einkommens an den Staat. Immerhin hat er dann noch mehr als der Facharbeiter und das alte Muttchen zusammen – und das sieht dann auch jeder ein.

Der Raumgewinn für den Politiker ist jedoch nur von kurzer Dauer. Dem Triumph (»denen haben wir es aber gezeigt!«) folgt alsbald die Ernüchterung.

Ist die Vermögen- oder Erbschaftsteuer gleich so hoch, daß mit einem Schlag alles weggenommen wird (»Enteignung«), sind mit der Steuer auch die Reichen plötzlich weg. Das Geld reicht nur ganz kurz, um die Bürger über das Verwaltungskostenproblem hinwegzutrösten. Hohe Einkommen, die man laufend besteuern könnte, gibt es nicht mehr.

Ist die Rache an den »Reichen« nicht ganz so furios, läßt die Rache-Steuer den Reichen also noch etwas übrig (»eine Kuh, die man melken will, schlachtet man doch nicht!«), werden diese versuchen, die Steuern zu vermeiden und ins Ausland, in die sogenannten »Steueroasen«, gehen. Viele verlieren die Lust, sich noch sehr anzustrengen, andere geben auf, weil ihnen die Steuer an die Substanz gegangen ist: auch die Reichen leben letztlich nicht von irgendeinem anonymen »Vermögen«, sondern immer nur von konkreten Betrieben, an denen sie beteiligt sind. Wenn diese Betriebe so hoch besteuert werden, daß sie nicht mehr genug Geld übrig haben, um zu investieren und im Wettbewerb zu bestehen, dann kommt bald nichts mehr ein.

Auch ist in den meisten Staaten die »Schicht« der Reichen viel zu dünn, um die ganze Masse der Bevölkerung mit ihren Steuern zu tragen. Das gilt auch für die Bundesrepublik, wo selbst die tollsten Beispiele von Reichen (der Krupp-Erbe von Bohlen und Halbach, der Fürst von Thurn und Taxis) nicht darüber hinwegtäuschen können, daß diese mit ihren Steuern, so hoch sie auch sein mögen, nie und nimmer die inzwischen aufgelaufenen Ansprüche der Bundesbürger an ihren Staat befriedigen könnten.

Das meiste Vermögen der Bundesrepublik Deutschland steckt in den Aktiengesellschaften (Daimler-Benz, Siemens, Bayer, Veba, VW). Nehmen wir an, diese Riesen würden nur den Reichen gehören und morgen würde eine AG-Steuer eingeführt, die besagt: jeder der solche Aktien besitzt, muß sie beim Finanzamt abgeben. Was käme da zusammen?

Der Börsenwert aller deutschen Aktiengesellschaften, also das, was diese Firmen bei einem anschließenden Verkauf durch das Finanzamt bestenfalls wert wären, beträgt rund 150 Milliarden Mark. Zum Vergleich: Der Bund allein (also ohne Länder und Gemeinden) will im Jahr 1983 etwa 270 Milliarden Mark ausgeben. Die Erträge aus der kolossalsten aller denkbaren Steuern, einer AG-Steuer, würden also gerade ausreichen, um die Bonner Staatsausgaben für ein gutes halbes Jahr zu decken. Dann müßte sich der Finanzminister schon wieder neue »Reiche« suchen, die er schröpfen kann.

Das Ausweichen in den Raum hat einige Male funktioniert. Vor dem Ersten Weltkrieg lagen die Sätze der Einkommensteuer im Schnitt bei 3 Prozent. In vielen deutschen Staaten gab es überhaupt keine Einkommensteuer – wie heute in dem ehemals »deutschen« Staat Liechtenstein immer noch. Als nach dem Krieg die Einkommensteuer eingeführt wurde, mit Sätzen in der heutigen Größenordnung, da gab es vorübergehend einen warmen Regen für die öffentlichen Kassen. Inzwischen ist dieser Effekt des Raumgewinns aber vertan. Die zusätzlichen Mittel aus der Einführung der Einkommensteuer sind längst verbraucht.

Inzwischen hat es sich auch bei allen Finanzministern herumgesprochen, daß es bei der Steuer einen Zusammenhang zwischen Steuer*satz* und Steuer*höhe* gibt. Diesen Zusammenhang hat der amerikanische Professor Arthur Laffer in einer Kurve dargestellt (Abbildung 4).

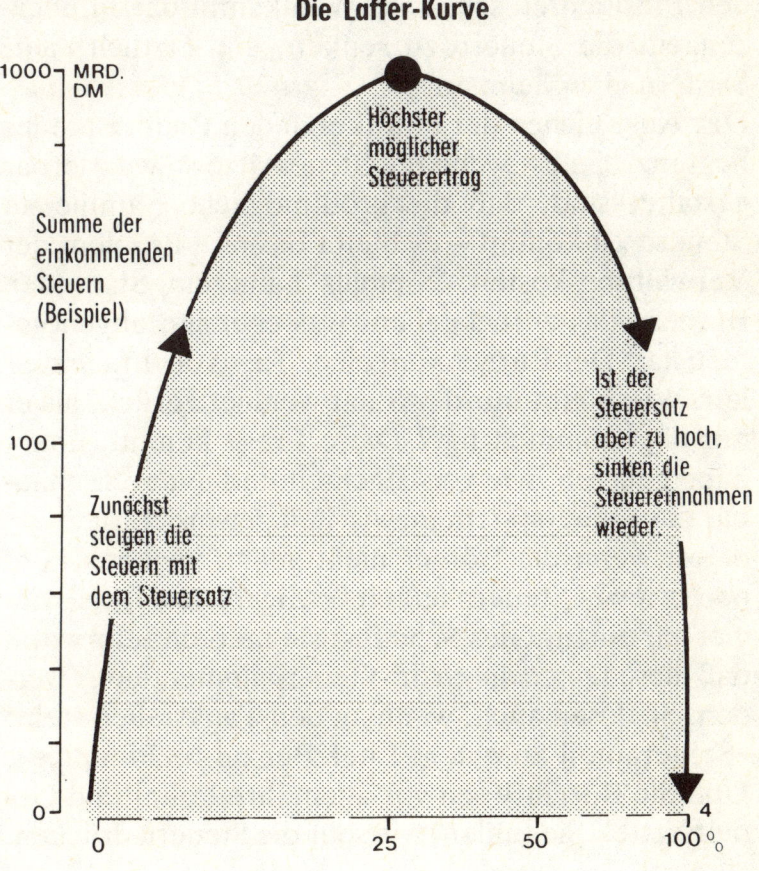

Die Laffer-Kurve

Es gibt also ein Steuer-Optimum: Bei einem ganz bestimmten Steuersatz schaut auf Dauer für den Staat am meisten heraus. Wird die Steuerschraube weiter angezogen, verlieren die Leute die Lust oder sie machen Konkurs. Sitzt die Schraube noch nicht fest genug, kann noch etwas gedreht werden: es kommen zusätzliche Mittel ein.

Die Laffer-Kurve hat in den letzten Jahren in Amerika eine große Rolle gespielt. Unter Ronald Reagan wurde sie offizielle Staats-Doktrin. Laffer konnte den Präsidenten schon im Wahlkampf davon überzeugen, die Steuern zu senken, um letztlich *mehr* Steuern einzunehmen.

Das Ausweichen der Politiker in den Raum ist indes begrenzt. Selbst wenn die Steuersätze so wunderbar gestaltet sind, daß die größtmögliche Summe an Steuern einkommt – es bleibt das alte Problem der Verwaltungskosten. Niemals kann ein Staat den Bürgern das zurückgeben, was er ihnen abgenommen hat. Der Bürger *muß* eines Tages die Frage stellen: Wieso gibt mir der Staat weniger zurück, als er mir abgenommen hat? Diese Frage kommt, unabhängig davon, wie verschachtelt und undurchschaubar das Steuersystem inzwischen geworden ist.

Selbst wenn die Bürger nicht genau angeben können, wieviel Steuern auf einer Zigarette liegen, wieviel auf einem Glas Schnaps: sie merken sehr wohl, daß diese Dinge durch die Steuern immer teurer werden. Sie lesen auch, wenn an den Tankstellen steht: »Steueranteil an einem Liter Benzin 68 Pfennige«. Und die Bürger lesen vor allem ihre Lohn- und Gehaltszettel. Sie fühlen, wie sehr die Steuern drücken.

Wenn nun auf der anderen Seite der Staat seine Leistungen nach der Formel ausrichten würde: *Steuern minus Verwaltungskosten = Rückzahlung an die Bürger* – die Empörung würde sofort übers Land kommen und die dafür verantwortlichen Politiker hinwegfegen.

Der Bürger fühlt zwar, das er sich letztlich in die eigene Tasche greift, aber der Staat füllt diese Tasche in wundersamer Weise immer wieder auf, und zwar so, daß immer mehr drin ist als vordem.

Der Zeitgewinn

Was die Politiker im Raum nicht mehr erreichen, gewährt ihnen die Zeit: Sie hilft ihnen, das Kassierer-Problem zu lösen.

Der Staat gibt in *einem* Jahr nicht nur die Steuereinnahmen *dieses* Jahres aus, sondern auch die Steuereinnahmen *künftiger* Jahre. Der Staat macht Schulden.

Aus der Existenz des Staates ergeben sich logischerweise die Staatsschulden. Irgendwie muß die Existenz des Staates doch bezahlt werden. Sollten die Bürger nämlich merken, daß die Existenz des Staates nur Geld kostet, daß sie mehr hätten, wenn es keinen Staat gäbe – sie würden sich in der einen oder anderen Form arrangieren und versuchen, den Staat zu beseitigen. Bei diesem »Staat« ist nicht der »Nachtwächter« gemeint, der gute alte Staat, mit einem König an der Spitze. Der Staat, der sich nur um die Sicherheit bekümmert, nach innen und nach außen. Dieser Staat war typisch für das 19. Jahrhundert und er wurde immer klaglos durchgeschleppt. Die Bürger bezahlten ihre – im Vergleich zu heute – winzigen Steuern ohne Murren. Das Geld war eine Art Versicherungsprämie: passierte etwas, dann war vorgesorgt. Passierte nichts, dann hatte man wenigstens gut geschlafen.

Der »Staat« um den es hier und heute geht, ist etwas anderes: eine gigantische Umverteilungs-Maschine, die in der Bundesrepublik Deutschland inzwischen die Hälfte des Sozialprodukts erst an sich zieht und dann wieder ausspeit – natürlich an genau dieselben Leute, von denen die Maschine zuvor das Sozialprodukt in Form von Geld abkassiert hat. Diese gigantische Umverteilungs-Maschine beschäftigt in der Bundesrepublik rund 3,5 Millionen Menschen. Ohne Soldaten und ohne Polizei, die wir ja in jedem Fall bezahlen würden, wie unsere Urgroßväter auch.

Die Personalausgaben der deutschen »Gebietskörperschaften« (Bund, Länder, Gemeinden) lagen 1981 bei 170 Milliarden Mark, der »laufende Sachaufwand« bei 81 Milliarden. Summa: rund 250 Milliarden Mark. Das kostet also die Staatsmaschine.

Mit diesen Kosten wurde folgendes umgewälzt: 143 Milliarden Mark »Transferausgaben« (also für die berühmte »soziale« Umverteilung), 59 Milliarden Mark für direkte staatliche Investitionen (Verwaltungsgebäude, Autobahnen), 38 Milliarden für »indirekte Investitionen« (Zuschüsse, Darlehen, »Subventionen«). Und 37 Milliarden Mark waren nötig, um die Zinsen der Staatsschulden zu bezahlen.

40

Die 250 Milliarden Mark teure Staatsmaschine machte also einen »Fremdumsatz« von 277 Milliarden Mark. Wenn man die Zinsen abzieht, die wirklich nur ein durchlaufender Posten sind, waren es nur 240 Milliarden.

Der bundesdeutsche Staat kostet also mehr, als er überhaupt umsetzt.

Dies war zwar beim Nachtwächterstaat noch mehr der Fall, weil der Nachtwächterstaat nichts umverteilte, also keinen »Fremdumsatz« hatte. Aber: Die große Personalausweitung im deutschen öffentlichen Dienst seit den 60er Jahren um mehr als eine Million Beschäftigte war fast ausschließlich inszeniert worden, nicht um die Nachtwächterfunktionen des Staates auszuweiten, sondern die Sozialfunktionen. Dennoch ist das Verhältnis Staatsausgaben insgesamt zu Personalausgaben insgesamt in den letzten Jahren gleichgeblieben. Von einer Zunahme der »Produktivität« beim Staat (= relativ sinkende Personalkosten) kann keine Rede sein.

Insofern wird es niemand wundern, daß der Staat das Kassierer-Problem mit Schuldenaufnahme zu lösen versucht. Über das sogenannte »Kassendefizit« der öffentlichen Hand wird immer mehr Geld gepumpt. Dieses Kassendefizit lag in den 50er Jahren bei maximal 6 Milliarden Mark pro Jahr, in den 60er wurde einmal die 20-Milliarden-Grenze überschritten. Das höchste Defizit der 70er Jahre lag schon bei über 50 Milliarden (1975/76). Und der Fehlbetrag 1981 war schon wieder um die Hälfte höher: 80 Milliarden. Die 100-Milliarden-Grenze ist in Sicht.

Wie Schulden als Segen verkauft werden

Wenn Politiker Schulden machen, sagen sie natürlich nicht: Das muß so sein, weil wir nicht wirtschaften können. Sie sagen auch nicht: Das muß sein, damit wir euch Bürgern wenigstens so viel zurückzahlen können, wie ihr uns an Steuern gegeben habt.
Nein, Politiker erfinden sehr schöne Sachen, wenn es darum geht, die Verpfändung zukünftiger Steuereinnahmen (was Schuldenmachen heißt) zu begründen.

1. Die Produktivitäts-Theorie

Eine ganz alte Begründung lautet: Das Geld würde investiert, sei also gut angelegt und würde im Laufe der Jahre sozusagen sich selbst zurückzahlen. Dies ist die Produktivitäts-Theorie der Staatsschulden.
Zum Beispiel ein Kanal. Der Staat baut ihn. Er nimmt dafür Geld auf. Denn jeder sieht doch ein, daß auch ein privater Unternehmer, wenn er den Kanal bauen würde, Geld aufnehmen müßte. Der Kanal kann sich unmöglich in einem Jahr rentieren.
Zum Beispiel eine Universität. Die baut der Staat, weil an der Universität junge Leute ausgebildet werden, die dann mehr wissen als ohne Universität. Dieses zusätzliche Wissen befähigt die jungen Leute zu großen Karrieren, die ihnen dann auch mehr Geld einbringen. Und wo mehr Geld einkommt, da ist auch der Staat nicht weit: er kassiert höhere Steuern – und dann ist die Universität am Ende doch wieder abgezahlt.
Solche Staatsausgaben nennt man »Investitionen«.

Sie gelten als »produktiv«, weil sie nicht nur irgendwelche durchlaufenden und versickernden Mittel sind. Man kann sehen, was mit dem Geld geschieht. Früher hießen diese Ausgaben auch »werbende« Staatsausgaben. Dieses »Werbende« (für höhere Einnahmen) kommt im Steuerrecht heute noch bei den berühmten »Werbungskosten« der Lohnsteuerzahler vor, mit denen sie sich beim Jahresausgleich abmühen müssen.

Seine Investitionen tätigt der Staat nun nicht, wie ein privates Unternehmen, das sich am Markt bewähren muß. Niemand kann im Ernst ausrechnen, was eine Straße letztlich bringt, ein Lift in einer Behörde, eine Universität. Es wird nur *angenommen,* daß solche Ausgaben »gut« seien für die »Zukunft« des ganzen Landes.

Irgendwie sind diese Ausgaben auch unausweichlich, weil der Staat die betreffenden Wirtschaftsbereiche monopolisiert hat. Niemand außer ihm kann Straßen bauen oder Kanäle. Private Schulen oder gar Universitäten sind die Ausnahme. Die Amtsstuben gehören immer auch dem Amt, das sie besetzt.

Allein schon die Tatsache, daß der Staat diese Wirtschaftsbereiche nicht am Markt führt, sondern ihre Berechtigung sozusagen aus dem »Gesamtinteresse« der Volkswirtschaft herleitet, macht mißtrauisch: Wenn diese Investitionen wirklich benötigt werden – dann könnte man sie doch auch in Form einer normalen AG oder GmbH durchführen, die für ihre Dienste Geld verlangt, nicht wahr? Ist die Investition berechtigt, wird sie auch etwas abwerfen, sonst nicht.

Der Staat entzieht sich einer Überprüfung seiner Investitionen, seiner sogenannten »produktiven« Ausgaben, aber seit eh und je. Selbst wenn sich völlig klar herausstellt, daß eine Investition absolut unnötig ist und nur Geld kostet, das nie und nimmer wieder eingespielt werden wird, bleibt der Staat bei seiner vorgefaßten Meinung, er täte etwas für das »Gesamtinteresse« der Volkswirtschaft Wertvolles. Ein klassisches Beispiel für diese Haltung ist der Rhein-Main-Donau-Kanal. Für dieses Bauwerk läßt sich keinerlei Rentabilitätsberechnung anführen; selbst in der Ausbaustufe wird der Kanal doppelt soviel kosten, wie er jemals einbringt. Dennoch wurde und wird er gebaut. Dafür seien, so die befaßten Politiker, »übergeordnete Gesichtspunkte« maßgeblich.

In Wahrheit dienen solche »übergeordneten« oder »politischen« Gesichtspunkte nur dazu, zu kaschieren, daß eine falsche, ungewünschte und unrentable Entscheidung getroffen wurde.

Solche staatlichen »Investitionen« wären zu verschmerzen, wenn das Geld aus den Steuereinnahmen der gleichen Periode genommen würde. Die Bürger könnten dann auf ihrem Rhein-Main-Donau-Kanal fahren und sagen: Darin sind unsere Steuern des vergangenen Jahres also versunken. Was sie dann an politischen Konsequenzen zögen, wäre ihre Sache: die Abwahl der für solchen Unfug verantwortlichen Politiker selbstverständlich.

Indes: die staatlichen »Investitionen«, die keinerlei Rentabilitäts- und damit Realitäts-Kontrolle durch den Markt unterliegen, werden grundsätzlich über *zusätzliche Schulden* finanziert.

Dies schreibt das Gesetz sogar indirekt vor. So lautet der Artikel 115 des deutschen Grundgesetzes:

> ### Artikel 115[1]
>
> (1) Die Aufnahme von Krediten sowie die Übernahme von Bürgschaften, Garantien oder sonstigen Gewährleistungen, die zu Ausgaben in künftigen Rechnungsjahren führen können, bedürfen einer der Höhe nach bestimmten oder bestimmbaren Ermächtigung durch Bundesgesetz. Die Einnahmen aus Krediten dürfen die Summe der im Haushaltsplan veranschlagten Ausgaben für Investitionen nicht überschreiten; Ausnahmen sind nur zulässig zur Abwehr einer Störung des gesamtwirtschaftlichen Gleichgewichts. Das Nähere wird durch Bundesgesetz geregelt.
>
> (2) Für Sondervermögen des Bundes können durch Bundesgesetz Ausnahmen von Absatz 1 zugelassen werden.

Das Schuldenmachen ist also offiziell in der Verfassung verankert.

Investitionen sind »Sachausgaben«. Die Vorstellung, die dahinter steckt, ist einfach: Was der Staat »festhält«, was er also nicht durchlaufen läßt, das ist ein spezielles Gut, das zusätzliche Werte schafft. Werte, aus denen zusätzliche Wirtschaftskraft kommt, die wiederum zu zusätzlichen Steuern führt, mit denen die Schulden, die einst gemacht wurden, um diesen Prozeß überhaupt erst zu ermöglichen, getilgt werden.

Die Produktivitäts-Theorie der Staatsschulden besagt also: durch das Schuldenmachen entsteht etwas Tolles. Dadurch wird die Wirtschaft produktiver. Diese Produktivität führt zu höheren Steuereinnahmen. Mit diesen Steuern werden die einst aufgenommenen Kredite wieder zurückgezahlt. Der Finanzwissenschaftler Lorenz von Stein brachte schon 1860 die Produktivitäts-Theorie der Staatsschulden auf diese Formel: »Die Benutzung des wirklich vorhandenen und in Anwendung gebrachten Staatscredits muß in der Weise geschehen, daß diese Verwendung eine Vermehrung der Steuerkraft werde...«.

Die Produktivitäts-Theorie ist altehrwürdig, dennoch kindisch. Denn entweder sind die Staatsausgaben für Investitionen, die mit Schulden finanziert werden, erkennbar und von vorneherein produktiv. Dann gibt es keinen Grund, dies nicht durch ein normales privates Unternehmen testen zu lassen (Beispiel: eine neue Autobahn wird gebaut – die Benutzer zahlen Gebühren).

Oder die investiven Staatsausgaben sind nicht erkennbar produktiv. Dann muß erst recht der Markt testen, ob das von den Bürgern überhaupt benötigt wird, was da entsteht (Beispiel: eine neue Anatomie wird gebaut – wer Arzt werden will, weil er weiß, daß er damit Geld verdienen kann, wird für die Anatomie-Benutzung Gebühren bezahlen*).

2. Die Konjunktur-Theorie

Die Theorie, Schulden zu machen, um damit die Konjunktur »anzukurbeln« ist jüngeren Datums. Sie ist ein Kind der 30er Jahre dieses Jahrhunderts.

Damals trat ein Mann auf, ein schlanker, feinnerviger Gelehrter, Cambridge-Professor, Büchersammler, verheiratet mit einer Ballerina. Dieser Mann

---

*) Abgesehen jetzt davon, wie er diese Gebühren refinanzieren wird (Stipendium, Darlehen, Eigengeld).

hieß John Maynard Keynes und er veröffentlichte 1936 ein Buch mit dem Titel »Allgemeine Theorie der Beschäftigung«, worin er nachzuweisen versuchte, daß diese Beschäftigung auf Dauer eben nur aufrecht erhalten werden könne, wenn der Staat eingreift.

Ganz absolut neu war auch diese Vorstellung nicht. Schon im 17. Jahrhundert hatte es erst in England, dann auch auf dem Kontinent staatliche »Arbeitshäuser« gegeben, die also auch »Beschäftigungspolitik« betrieben haben. Im 19. Jahrhundert gab es in allen wichtigen Regierungen bereits eigene Ministerien für »Arbeit« oder »Arbeitsbeschaffung«, für »Handel« und »Gewerbe«, also staatliche Stellen, die durch öffentliche Ausgaben Arbeitsplätze schaffen sollten. Das waren aber recht harmlose und stümperhafte Versuche, die meist auf die Schaffung großer staatlicher Betriebe hinausliefen, die dann nicht funktionierten und wieder geschlossen wurden.

Doch Keynes ging weiter, indem er sich vor allem die aufkommende Formel-Gläubigkeit zunutze machte und mit sicherem Gespür darauf setzte, daß die Leute eine Formel, mit der man das Beschäftigungs-Problem »lösen« würde, sofort und ohne nähere Nachprüfung akzeptierten. Immerhin waren in den 30er Jahren viele Millionen arbeitslos und Arbeitslose wählen keine Regierung, wenn sie ihnen nicht Arbeit schafft.

Die Formel von Keynes lautet:

$$E = K + I + St$$

E ist das Einkommen aller in einem Jahr, das Volks-einkommen oder Sozialprodukt. Dieses Einkom-men hat natürlich etwas mit der Beschäftigung zu tun (setzte Keynes voraus): Je mehr Leute beschäftigt sind, desto höher muß das Einkommen aller sein. Und umgekehrt: *Je höher das Einkommen, desto mehr Menschen müßten doch beschäftigt sein.* Ganz einfach, nicht?

K sind die Konsumausgaben, also, was wir für das tägliche Leben so brauchen. I sind die Investitionen, also was die Unternehmen ausgeben. (In einer Unterformel hat Keynes nebenbei auch bewiesen, daß $I = S$ ist, wobei S das Geld ist, was wir sparen. Auch ganz logisch: man gibt sein Einkommen entwe-der aus oder man legt es auf die hohe Kante, wo es dann die Unternehmen abholen, um zu investieren). Und St sind natürlich die Staatsausgaben. Denn die, so Keynes in seiner Logik, sind ja andererseits auch Einkommen, denken wir nur an das Geld, das ein Polizist am Monatsende bekommt.

Damit war alles gelaufen. Wenn die Ausgaben für Konsum und Investitionen (Ersparnisse) nicht hoch genug sind, um die Beschäftigung zu sichern (E also möglichst groß zu machen), dann mußten eben hö-here Staatsausgaben das ganze ausgleichen.*) Wie die Staatsausgaben finanziert wurden, spielte dabei überhaupt keine Rolle. Denn um die Menschen wie-

---

*) Natürlich gibt es noch den Export als beschäftigungsschaffenden Faktor, den wir hier der Einfachheit halber weglassen, zumal sich die Exporte und Importe *aller* Staaten natürlich ausgleichen – also im Weltmaßstab kein Zusatz-Effekt ergeben kann.

der in Lohn und Brot zu setzen – dafür kann doch kein Mittel zu schade sein – oder?

So geschah es denn, daß *Schuldenmachen,* das meist als eine schlimme Sache, ja als schändlich gegolten hatte, plötzlich einer *Tugend* wurde. Schon der große Zyniker Voltaire schrieb in seinem »Observations sur le commerce«: »Ein Staat, der sich selbst schuldet, wird nicht ärmer. Die Schulden sind sogar eine Aufmunterung für die Industrie…«. Keynes hat in seine Formel sogar noch einen »Beschleuniger« eingebaut, eine Art Beschäftigungs-Turbolader: Wenn die staatliche Mehrnachfrage auf eine Firma trifft, dann macht ja nicht nur diese Firma mehr Umsätze, kann mehr Leute einstellen (Beschäftigungs-Politik!), sondern die Firma hat auch Zulieferer, auch Unternehmen, bei denen sie neue Maschinen bestellen kann (wenn die alten wegen der übergroßen Staatsnachfrage nicht ausreichen) usw. Auch in diesen Betrieben rührt sich nun etwas, auch dort beginnt sich ein segensreicher Beschäftigungs-Effekt bemerkbar zu machen. Und so steigt das Einkommen, und alle sind vollbeschäftigt, werden glücklich und reich.

Von den Schülern Keynes ist diese Theorie nach allen Regeln der Kunst verfeinert worden, wann welche zusätzlichen Staatsausgaben getätigt werden müssen, um wo wieviel mehr Sozialprodukt erschaffen. In den meisten Industriestaaten wurden die Ideen der staatlichen »Steuerung« sogar in Gesetzesform gebracht, so gibt es auch in der Bundesrepublik Deutschland ausdrücklich ein »Stabilitäts- und Wachstums-Gesetz« (vom Jahre 1967). »Wachstum«

heißt dabei höheres Volkseinkommen, ist also ein anderer Ausdruck für mehr Beschäftigung. Und »Stabilität« bedeutet: dies alles kann man machen, ohne daß dabei die Preise steigen. Das Mißtrauen gegen die Staatsausgaben/Staatsschulden war natürlich noch immer sehr groß, vor allem befürchteten viele, daß durch die jetzt offiziell genehmigte Schuldenmacherei eine neue Inflation beginnt, wie so oft in der Geschichte. Daher wurde das Wort »Stabilität« ganz groß herausgebracht und vorne an gestellt: Gesetz zur Sicherung von *Stabilität* und Wachstum.

Die Konjunktur-Theorie des Schuldenmachens ist genauso kindisch, wie die Produktivitäts-Theorie. Und zwar aus diesen Gründen:

1. Einkommen hat nichts mit Beschäftigung zu tun. Obwohl in Deutschland 1982 fast zwei Millionen Arbeitslose gezählt werden, macht ein Unternehmen, wie Daimler-Benz zum Beispiel die höchsten Gewinne aller Zeiten. Es ist durchaus möglich, daß die Arbeitslosigkeit in einer Volkswirtschaft jedes Jahr steigt und das gesamte Sozialprodukt steigt auch, weil die übrigen Beschäftigten immer mehr verdienen.

2. Die Arbeitslosen sind nicht einfach »arbeitslos«. So wie ein Kind ohne Eltern eben ein Kind ohne Eltern ist. Arbeitslose sind immer arbeitslos zu einem ganz *bestimmten Lohn, den sie fordern.* Ein Arbeiter will heute mindestens 15 Mark die Stunde haben. Das ist für den Unternehmer nicht drin, also bleibt der Mann ohne Job. Was aber wäre, wenn der Arbeitslose nur 10 Mark fordern würde? Der Unternehmer nimmt ihn mit Kußhand.

50

Der Ökonom Ludwig von Mises sagt: »Wenn eine Ware keinen Absatz findet und ein Arbeiter keine Arbeit, dann kann dies immer nur einen Grund haben: die geforderten Preise und Löhne sind zu hoch«. Arbeitslos ist man nur, weil man zu hohe Löhne fordert.

Die Leute, die von der hohen Staatsverschuldung leben, die die hohen Staatsausgaben »zu Beschäftigungszwecken« möglich machen, also Wirtschaftsminister und Gewerkschaftsbosse, halten dieser schlichten Wahrheit immer eine sogenannte »Kaufkraft-Theorie« entgegen: Die Löhne müßten so hoch sein, damit die Leute mehr Geld in der Hand haben, das sie ausgeben können, um damit eben wieder die Konjunktur anzukurbeln, was wiederum mehr Arbeitsplätze schafft, und so weiter und so fort.

Diese Kaufkraft-Theorie, eine Untertheorie der Konjunktur-Theorie des Schuldenmachens, ist vollends kindisch. Menschen werden also beschäftigt, damit Menschen beschäftigt werden. Je höher die Löhne, umso höher die Beschäftigung. Warum haben wir nicht schon längst ein Gesetz, jedes Jahr die Löhne zu verzehnfachen? Bei *der* Kaufkraft hätten wir doch absolute Super-Vollbeschäftigung. Oder? Tatsächlich aber würden die Unternehmen nur dann mehr Leute einstellen, wenn diese spürbar billiger würden, also erst nach einer kräftigen Lohn*senkung*. Die staatliche Schuldenmacherei zugunsten der Subventionierung eines hohen Lohnniveaus läuft auf eine ganz simple Beobachtung hinaus: Je mehr Geld ich aus dem Fenster schmeiße, desto mehr Geld kommt unten an.

3. Die Staatsausgaben, die zu mehr Beschäftigung führen sollen, sind ja nicht einfach »da«. Sie müssen erst einmal eingenommen werden. Genau genommen müßte man die Formel (unter Gleichsetzung von Investieren und Sparen S) so ausschreiben:

Einkommen = Konsum + Sparen + Steuern

Mein Geld gebe ich aus, spare es oder muß es ans Finanzamt abführen. Das unverdächtige **St** von Keynes bringt nämlich gar nichts, wenn die Leute das Geld, das sie zunächst verdient hatten, nur von einem anderen ausgeben lassen – vom Staat, nachdem sie Steuern gezahlt haben.

Das St bringt auch dann noch nichts, wenn sich der Staat das Geld vom Bürger pumpt, also von den Ersparnissen der Bürger nimmt. Da die Ersparnisse der Bürger logischerweise, wie Keynes zeigte, immer gleich sind den Investitionen eines Jahres, bedeuten staatliche Schulden dieser Art ganz einfach: der Staat zieht Gelder für seine »Ankurbelungen« an sich, die sonst von den Unternehmen investiert worden wären.

Dies erklärt übrigens nebenbei ein anderes Phänomen, das uns immer wieder so großes Kopfzerbrechen macht: die hohen *Zinsen*. Weil der Staat sich immer weiter und immer höher verschuldet, wird er eine immer größere Konkurrenz zur freien Wirtschaft auf dem Kapitalmarkt. Beide konkurrieren um das Spargeld der Bürger: der Unternehmer, um damit zu investieren, Wohnungen zu bauen, Maschinen einzurichten, der Staat, um damit »anzukurbeln«. Diese Konkurrenz treibt die Zinsen nach oben.

Damit nun St echte »Wirkung« zeigen soll, müssen diese Mittel »extra« kommen, also nicht aus Steuern, die der Bürger von seinen Konsumausgaben abzwackt, nicht aus Mitteln des Kapitalmarkts, die von den Ersparnissen abgehen. Denn diese Gelder würden sowieso ausgegeben. Also mit und ohne Staat: es wäre gar kein Unterschied.

Damit die St also »reinhauen« können, muß es Geld aus dem Ausland sein. Indem der Staat also zum Beispiel, wie die Bundesrepublik, sich Milliarden bei den Ölscheichs pumpt. Oder es muß zusätzliches Geld aus dem Inland sein – *zusätzlich gedrucktes Geld.*

Die Staatsausgaben, die zu mehr Beschäftigung führen sollen, müssen also aus der Luft gezaubert werden, Ölscheiche sind nicht immer vorhanden und spendabel, und dieses »Luftgeld« bedeutet – *Inflation.*

Damit haben wir auch die Erklärung, warum in allen Industriestaaten des Westens, nachdem sie in den 60er Jahren so nach und nach zum »Keynesianismus« übergegangen waren, eine riesige Inflations-Welle zu beobachten war.

In der Bundesrepublik Deutschland wurde das Konzept von Keynes durch die Große Koalition im Jahre 1967 im großen Stil zur Anwendung gebracht. Die zusätzlichen Schulden nur beim Bund betrugen 12,5 Milliarden Mark. Das Geld ist nun nicht direkt (also im wörtlichen Sinne) aus der Notenpresse gekommen, so zynisch waren die deutschen Politiker so kurz nach der zweiten Währungsreform (= Totalinflation) dieses Jahrhunderts noch nicht. Die Mittel für das Ankurbelungsprogramm von Professor Schiller (der in seinem Amtszimmer ein schönes Foto von Keynes aufgehängt hatte) kamen zum Teil aus Ersparnissen, zum Teil aber auch aus frisch gedrucktem Notenbank-Geld: die Deutsche Bundesbank senkte nämlich, nach heftigem Drängen Schillers, die Zinsen, so daß sich die Banken, die die Bonner Mittel schließlich bereitstellen mußten, ohne Probleme bei der Bundesbank »refinanzieren« konnten – was letztlich auf dasselbe hinausläuft, wie direkt frisches Geld drucken.

Zunächst lief alles wie geschmiert: die Konjunktur sprang an (Schiller: »Die Pferde saufen wieder«), wir kamen »aus der Talsohle« und als der Wirtschaftsminister die nötige Höhe gewonnen hatte, stellte er in bezug auf das andere Problem, das der Stabilität nämlich, fest: »Die Inflation ist tot wie ein rostiger Nagel«. Das war sie aber ganz und gar nicht.

Die 70er Jahre begannen nämlich mit einer Preiswelle, die im Grunde bis heute nicht abgeebt ist (da auch das Schuldenmachen nicht nachgelassen hat). Die Inflationsrate stieg bis auf über 8 Prozent im Jahr, ein für deutsche Verhältnisse starkes Stück, denn eine 8-Prozent-Inflation bedeutet: alle neun Jahre halbiert sich der Geldwert!

In den anderen Industrienationen war es noch schlimmer, weil dort die Möglichkeit, die Defizite, die man zur »Ankurbelung« macht, über die Notenpresse zu finanzieren, viel einfacher ist, als in Deutschland. In Amerika oder England gibt der

Staat seine Schuldscheine praktisch direkt an das Schatzamt weiter, das dann dafür neue Noten drukken läßt. Die staatsbedingte Inflation der 70er und 80er Jahre wird uns noch unten beschäftigen.

3. Die Überraschungs-Theorie

Eine weitere Begründung, Schulden nach Herzenslust zu machen, ist vor allem in den letzten Jahren schlechterer Konjunktur in den Vordergrund getreten: der Staat tut so, als habe ihn die Entwicklung »überrascht«. Die *Ausgaben* lagen bedauerlicherweise schon seit längerem fest, die Haushalts-»Pläne« werden bekanntlich immer vor Beginn eines Jahres aufgestellt und verabschiedet, das heißt: sie gelten dann als Gesetz. Die *Einnahmen* aber haben sich dann aufgrund »ungünstiger wirtschaftlicher Entwicklungen« nicht so eingestellt, wie dies vermutet worden war – und nun hat sich eben ein »überraschender«, ein »zusätzlicher« Kreditbedarf ergeben. Diesen Trick hat vor allem die Bundesregierung in den 80er Jahren zur Perfektion entwickelt. Da wurde – aufgrund einer ohnehin schon unseriösen Finanzplanung (siehe oben) – mit bestimmten wirtschaftlichen Großwetterlagen operiert, die dann nicht eintrafen; da die Ausgaben aber schon »gelaufen« waren (Baugruben sind ausgehoben, Panzer bestellt, Beamte in Amt und Brot, usw.), konnte man nun nichts mehr anders machen – als eben die »fehlenden Mittel« durch zusätzliche Kredite zu beschaffen. Selbst der aus der Privatwirtschaft stammende Minister Lambsdorff forderte, die »Steuermindereinnahmen« durch »erhöhte Nettokreditaufnahme zu dek-

ken«. Als ob irgendeine böse Fee die Steuern ver-
hext hätte, wogegen man sich wehren müsse. In
Wahrheit wurden die Steuern unverantwortlich und
viel zu hoch angesetzt.

Das Ganze hat Methode: es gibt keinerlei ernsthafte
Kontroll-Instanzen, die diesem unseriösen Gebaren
Einhalt gebieten könnten. Die Statistischen Ämter
sind in Staatshand, sie hören also auf das Kommando
der Stellen, die jene, wie der Wirtschaftsminister das
so schön nannte, »getürkten und geschönten Zahlen« benötigen. Die Beamten in den für die Haus-
haltsaufstellung relevanten Ministerien (Wirtschaft,
Finanzen) sind in ihren Karrieren von den Leuten
abhängig, die mit den entsprechend frisierten Haushaltsplänen arbeiten müssen. Die Opposition hat
weder die Mittel noch das Personal, um große gesamtwirtschaftliche Statistiken aufstellen zu können,
die das Gegenteil beweisen würden.

Auch die Forschungs-Institute oder die sogenannten
»Fünf Weisen« (Sachverständigenrat zur Begutach-
tung der gesamtwirtschaftlichen Entwicklung) sind
kaum imstande, diesem zentralen Staats-Betrug Einhalt zu gebieten: zum einen verlieren sie sich als Experten in zahlreichen Klein- und Nebenuntersuchun-
gen (von deren Verwertung sie zum Teil auch leben);
zum anderen kommen sie mit ihren Zahlen zu Zeiten
heraus, die für den Haushaltsplan irrelevant sind
(die Fünf Weisen im November, wenn der Etat
längst verabschiedet ist); zum dritten haben sich
diese Experten durch zahlreiche Fehl-Prognosen so
desavouiert, daß es den Regierenden ein Leichtes
ist, ihre Kontra-Schätzungen als »eine Meinung

unter vielen« abzutun – ganz abgesehen davon, daß auch die Institute ihre Basis-Zahlen von den Stellen bekommen, die die getürkten Haushaltspläne aufstellen, bzw. von Ämtern, die von diesen Stellen abhängig sind.

So werden nicht nur die Ausgaben regelmäßig zu niedrig angesetzt (was wir oben schon als ein allgemeines Staats-Symptom kennengelernt haben). *Auch die Einnahmen werden künstlich überhöht.* Der Staat setzt Einnahmen an, die aufgrund einer Wirtschaftsentwicklung eintreten sollen, die sich nie und nimmer ereignen kann.

Resultat: Die »Nettokreditaufnahme«, die sich aufgrund der »kassenmäßigen Entwicklung« der Haushalte nach den Ist-Rechnungen ergibt, wird immer abenteuerlicher. Die Staatsschulden müssen ins Unermeßliche steigen.

Was sich dann an kaum faßbarer Schuldenmacherei abspielt, wird von den gleichen Beamten, die letztlich für das »Türken« mit den Ursprungszahlen verantwortlich sind, in kühler, klassisch-unbewegter Manier protokolliert. So schreibt das Statistische Bundesamt im Juni-Heft 1982 von »Wirtschaft und Statistik« (der laufenden, an sich ganz ausgezeichneten Publikation der Wiesbadener Behörde, die dem Bundeswirtschaftsminister untersteht) über die Vorfälle im Haushaltsjahr 1981:

»In den Haushaltsplanungen des Bundes war für 1981 eine Neuverschuldung am *Kreditmarkt* in Höhe von 75,4 Milliarden Mark sowie eine Tilgung von Kreditmarktschulden in Höhe von 41,6 Milliarden Mark vorgesehen. Die *gesamtwirtschaftliche Ent-*

wicklung wie auch die *Situation* am Kapitalmarkt führten indessen dazu, daß gemäß der Haushaltsrechnung 1981 weitere 10,4 Milliarden Mark aufgenommen und 6,8 Milliarden Mark getilgt werden mußten.« (Fettungen von mir). Schon die Sprache entlarvt den Staat:

Der Bund verschuldet sich am »Kreditmarkt«, etwas, das es überhaupt nicht gibt; die Banken kennen nur den Geldmarkt für kurzfristiges Pumpen und dem Kapitalmarkt für langfristiges Schuldenmachen. Das Wort »Kreditmarkt« wird von den Statistikern genommen, um die Schuldenmacherei des Staates in der Bezeichnung etwas zurückzunehmen, zu neutralisieren. »Kredit« ist ein schon an sich positives Wort, und dieses am Gemeinwohl orientierte Vorgehen des Staates wird dann von dem Treiben in den Niederungen des Alltags (»Situation am Kapitalmarkt«) konterkariert. Die böse Situation am bösen Kapitalmarkt hat also dem hochedlen Staat Probleme gemacht und ihn gezwungen, mehr Schulden zu machen als beabsichtigt. Daß der Staat selbst, der heute bis zu drei Vierteln des gesamten »Kreditmarkt«-Volumens beansprucht diese »Situation« (gemeint sind hohe Zinsen!) *selbst* verursacht hat – davon ist keine Rede.

Auch der Hinweis auf die »gesamtwirtschaftliche Entwicklung« ist bezeichnend. Da ist also etwas geschehen, womit man nicht rechnen konnte, was offenbar außerhalb der staatlichen Beeinflußbarkeiten liegt – eben die »gesamtwirtschaftliche Entwicklung«. Und, bitteschön – die war dann eben nicht so, wie vorgesehen, und daher die Verschuldung.

Diese Überraschungs-Theorie der Staatsverschuldung wird im Übrigen nicht nur von der zentralen Instanz in Bonn appliziert, wie das Statistische Bundesamt in seiner Gesamtbetrachtung aller öffentlichen Hände (Bund, Länder und Gemeinden) schreibt: »Im Berichtsjahr (1981) erhöhten sich die fundierten Schulden der öffentlichen Haushalte gegenüber Dritten um 73,3 Milliarden Mark auf 534,1 Milliarden Mark. Der Schuldenstand am Jahresende lag damit um 15,9 Prozent über dem Vergleichswert des Vorjahres. Dieser kräftige Zuwachs – im Jahre 1980 hatte der Schuldenanstieg 51,7 Milliarden Mark oder 12,6 Prozent betragen – hatte seine Ursache ganz überwiegend in der auch 1981 andauernden schwache, gesamtwirtschaftlichen Entwicklung.« Aha.

Die Überraschungs-Theorie der Staatsverschuldung ist nicht einfach kindisch und falsch, wie die Produktivitäts- und die Konjunktur-Theorie der Staatsverschuldung. Sie kann nicht einfach a priori durch »richtige« Deduktionen und korrekte theoretische Analysen widerlegt werden. Sie ist vielmehr im wahrsten Sinn des Wortes gemeingefährlich. Während man bei den beiden anderen Schulden-Theorien sagen kann, es hat bei Politikern und Beamten eben intellektuell nicht gereicht (und irgendwann werden gute Politiker und Beamte auftreten, die solche fundamentalen Fehler nicht mehr machen), wird bei der Überraschungs-Theorie sozusagen an das Mitgefühl der Bürger mit dem armen Staat appeliert, der doch überhaupt nichts dafür kann, daß ihm diese Schuldenmacherei widerfahren ist.

Mit dem Überrascht-Sein zu argumentieren ist übrigens typisch für den Suchtkranken: »Ich weiß auch nicht, wie das geschehen konnte. Aber da war etwas, das war stärker als ich.«

Der Staat, der für sich in Anspruch nimmt, Herr über alles zu sein, der die Wirtschaft und die Konjunktur »lenken« kann (was gerade Inhalt der Produktivitäts- und der Konjunktur-Theorie der Verschuldung ist), erklärt sich auf einmal für »nicht schuldig«. Er ist sozusagen eine Restgröße, die sich ausrichten muß.

Die Überraschungs-Theorie wird inzwischen derart zynisch-souverän gehandhabt, daß der Unterlegene (Staat), dem unsere Sympathie zu gelten hat, weil er definitionsgemäß doch immer nur unser Bestes will, in seiner ganzen hilflosen »Abhängigkeit« noch rational vorgeht. Als dem Finanzministerium vorgehalten wurde, es habe mit seiner Kassenwirtschaft einfach ins Blaue hinein gearbeitet und Schulden gemacht, die von der Haushaltplanung nicht gedeckt sind, antwortete der zuständige Staatssekretär Lahnstein (der später selbst zum Finanzminister avancierte), dies sei eine »Vorratsfinanzierung« gewesen. Man habe bereits Geld aufgenommen, das man im nächsten Jahr »sowieso« hätte aufnehmen müssen. Dies sei geschehen, um die »günstige Lage« am Kapitalmarkt »auszunützen« – niedrige Zinsen zum Beispiel.

So werden inzwischen die Überraschungen *kommender* Haushaltsjahre bereits antizipiert. Man weiß, daß immer wieder (und immer mehr) Schulden gemacht werden müssen. Und da geht man, als treusorgender Hausvater, entsprechend weitsichtig vor.

60

Allein beim Bund erreichen diese »Vorratsfinanzierungen«, die nichts anderes sind als eine Bemäntelung der Tatsache, daß man wieder einmal nicht mit den vorgegebenen Mitteln ausgekommen ist, inzwischen Größenordnungen zwischen 5 und 10 Milliarden Mark im Jahr. Jeder Bezug zum konkreten, korrekt abzuwickelnden Haushaltsjahr ist verloren gegangen, wobei auch das Argument eine Rolle spielt, man könne diese Haushaltsjahre nicht immer so »eng« sehen, da doch die meisten Ausgaben nicht am 31. Dezember enden, während neue Ausgaben dann am 1. Januar des Folgejahres beginnen.

Mit der Überraschungs-Theorie der Staatsverschuldung ist nun vollends jede Begrenzung der Staatsausgaben weggefallen. Die Ausgaben werden kaum noch einer Prüfung unterworfen, sie laufen unkontrolliert davon. Ausgaben lassen sich in Koalitionsregierungen ohnehin schwer begrenzen, da jede Partei auf ihre speziellen Wähler Rücksicht nehmen wird.

Die Einnahmen werden ab und zu noch geringfügig nachgezogen, zumeist durch Steuererhöhungen, die auch keine spezielle Wählergruppe mehr treffen sollen und die bei Steuern stattfinden, die ohnehin höchst unmerklich erhoben werden, wie die Verbrauchsteuern, bei denen die steuerbedingte Preiserhöhung letztlich sogar noch den »Unternehmern, Kapitalisten und Multis« angelastet werden kann. Die Benzinpreiserhöhungen, die die Marktteilnehmer in Schritten von einem oder zwei Pfennigen versuchen, geraten sofort groß in die Schlagzeilen, es gibt Boykott-Aufrufe. Aber als die Benzinsteuer mit einem Schlag um acht Pfennige erhöht wurde, da war von keiner Sternfahrt empörter Automobilisten zum Finanzministerium nach Bonn etwas zu bemerken.

Dennoch sind die in Zeitabständen durchgeführten Einnahmenverbesserungen durch Steuererhöhungen insgesamt viel zu gering, um die Lücke zu den davongeeilten Ausgaben zu schließen. Das Loch wird immer größer: Setzt sich der Trend der Neuverschuldung des Jahres 1981 fort (ein Plus von knapp 16 Prozent), dann *verdoppelt sich die deutsche Staatsschuld alle 4,5 Jahre.*

Daß dies in eine finanzielle Katastrophe führt, kann niemanden mehr überraschen.

Zusammenfassung

1. Der Staat hat nur eine einzige Einnahmequelle: die Steuern.

2. Kommt er mit seinen Steuern nicht aus, muß er **Schulden** machen. Diese Schulden sind aber nichts anderes als **vorweggenommene** Steuern.

3. **Der Staat muß** Schulden machen, weil die Einnahmen unfreiwillig gezahlt werden, mit der Tendenz zur **Minimierung;** die Ausgaben aber mit Freuden und der Tendenz zur **Maximierung.**

4. Der **Zwang zum Schuldenmachen** besteht auch, da der Staat den Bürgern immer nur **weniger** zurückzahlen kann als er ihnen abgenommen hat: der Staat hat **Verwaltungskosten** (Kassierer-Problem).

5. Das **Kassierer-Problem** kann der Staat im **Raum**

lösen (indem er »die Reichen« besteuert) oder in der **Zeit** (indem er *später* besteuert).

6. **Raum**-Gewinn ist in modernen Sozialstaaten bei ziemlich gleicher Einkommensverteilung und **hohem Staatsanteil** nicht mehr möglich. Bleibt nur der **Zeit**-Gewinn – das Schuldenmachen.

7. Die **Schulden** versucht der Staat als **Segen** zu verkaufen, indem er behauptet, die Schulden führten zu **Ausgaben,** die etwas Positives bewirken: die **Produktivität** steigern oder die **Konjunktur** ankurbeln. Diese beiden Theorien sind falsch.

8. In den letzten Jahren ist noch die **Überraschungs-**Theorie dazugekommen: Staatsschulden würden sich ergeben, weil die **Wirtschaftsentwicklung** schlechter verlaufe, als in den Haushaltsplänen vorgesehen, was dann – ungewollt – zu einer höheren **Verschuldung** führt.

9. Die **Überraschungs-**Theorie ist besonders gefährlich, da sie die **progressive Staatsverschuldung** quasi als **unabänderlich** darstellt.

10. Die **progressive Kreditaufnahme** führt z.B. in der Bundesrepublik dazu, daß sich die **Staatsschulden** schon jetzt alle **viereinhalb Jahre verdoppeln.**

11. Die **Finanz-Katastrophe** ist also **unvermeidlich.**

Damit Sie endlich auch sich selbst verstehen

»Der Staat ist die große Fiktion, mit deren Hilfe sich alle bemühen, auf Kosten aller zu leben«

Frédéric Bastiat, 1850

Warum müssen wir eigentlich arbeiten?

Der Staat wirtschaftet sich zu Tode. Doch die Menschen interessiert das kaum. Jeden Tag steht etwas in der Zeitung, ein neuer Fall unglaublicher Verschwendung von Steuergeldern; der neue Präsident des Bunds der Steuerzahler hat ausgerechnet, daß in der Bundesrepublik jährlich Steuergelder in Höhe von 30 Milliarden Mark vergeudet werden. Für jeden Bundesbürger sind das immerhin pro Kopf 500 Mark, die also aus dem Fenster geworfen werden. Doch außer Kopfschütteln und Achselzucken passiert nichts.

Wenn ein Dieb die 500 Mark genommen hätte, wäre der Bürger längst bei der Polizei. Aber wenn der Staat das Geld vertut, schickt man sich darein.

Auch die Berichte über die Staatsverschuldung bedeuten dem Bürger herzlich wenig. Er findet das zwar »unseriös« und glaubt auch, daß das mit zuviel Schulden irgendwann einmal »schiefgehen« könnte. Aber das Gefühl bringt er eher einem Geschäftsmann entgegen, der einen neuen Laden aufgemacht hat und bei der Bank etwas stärker überziehen mußte.

Die Vorstellung, daß Staatsschulden vielleicht grundsätzlich etwas anderes sein könnten als private Schulden, hat er nicht. Und daß es wirklich »krachen« könnte – daran glaubt nur eine Minderheit, und die mehr im Sinne eines Rache-Aktes: die »da oben« sollen ruhig für ihre Wirtschaft bestraft werden. Daß eine Pleite «da oben» auf ihn selbst zurückfallen könnte, hält er für ausgeschlossen.

Es ist zwar kein Wohlwollen, daß man der Staatswirtschaft entgegenbringt, aber auch kein unmittelbar geäußertes Empörtsein. Der Staat soll sich halt so durchwurschteln, irgendwie wird das schon gehen. Der Bürger weiß schließlich um die schiere Macht des Staates, der auch Polizei und Soldaten hat, und der es dann schon so einrichten wird, daß letztlich nichts Schlimmes passiert.

Auch hat der Bürger wenig Zeit, sich um die Staatswirtschaft zu kümmern. Das sind ferne Größen, nicht gerade prädestiniert als spannende Feierabendbeschäftigung. Die Zahlen, um die es geht, sind überdies zu groß und daher abstrakt. Wer weiß schon, wieviel Nullen eine Milliarde hat? Mit dem ganz konkreten, kleinen Leben des Bürgers, wo noch mit Pfennigen gerechnet wird, hat so eine Milliarde doch wohl nichts zu tun.

Es ist aber nicht nur so eine Art gottgegebenes Desinteresse an der Staatswirtschaft, was die Bürger pflegen. Es ist noch etwas anderes, Unausgesprochenes, aber tief drinnen höchst Fühlbares: Was der Staat so treibt, *das kommt dem Bürger sehr entgegen.* Der Staat ergänzt den einzelnen sozusagen, indem er sich um das große, das entsetzliche Lebensproblem des einzelnen kümmert, es zu lösen, zumindest zu vereinfachen, vielleicht eines Tages überhaupt zu beseitigen verspricht: *den Zwang, arbeiten zu müssen.*

Wir müssen arbeiten, um zu leben. An dieser Erkenntnis führt kein Weg vorbei. Würden wir eines Morgens *alle* beschließen, im Bett zu bleiben und nie wieder diese lauten Fabriken und öden Büros zu betreten, wäre natürlich über kurz oder lang Schluß: wir müßten erfrieren, verdursten, verhungern.

Wir müssen nicht arbeiten, um Geld zu verdienen. Das ist nur eine Abstraktion mit dem Geldverdienen. Wir müssen arbeiten, um zu produzieren. Denn nur mit unseren Produkten (den Produkten unserer Firma) ist es möglich, andere Produkte einzutauschen: Brot, Milch, Wärme.

Natürlich gibt es einen Unterschied zwischen Produktion und Einkommen: Es gibt Leute, die haben Geld, ohne zu arbeiten, Kinder, Penner, Rentner, Reiche. Und natürlich ist es jedermanns Bestreben, zu Geld zu kommen, ohne arbeiten zu müssen. Solch ein Privileg, Geld ohne Arbeit, würde sich im normalen Leben nie ergeben: wer nichts arbeitet, würde von den anderen kein Geld dafür bekommen.

Das Privileg »Geld ohne Arbeit« muß verliehen werden. Es ist, wie wir sehen werden, eigentlich ein Adelstitel. Und diesen Titel kann nur verleihen, wer Macht hat. Und das ist eben der Staat.

Die mangelnde Kritik der Bürger an der Staatswirtschaft ist also schnell erklärt: Wir müssen zwar arbeiten, aber wir wollen nicht arbeiten. Wir sehen, daß viele Menschen nicht arbeiten und dennoch dafür Geld bekommen. Wir erkennen, daß diesen Zustand fast immer nur der Staat herbeiführen kann. Auch wir hoffen also, daß der Staat eines Tages uns entsprechend begünstigt. *Daher lehnen wir den Staat nicht ab, egal, wie schlimm er es mit seinen Finanzen treibt.* Denn es besteht immer die Möglichkeit, daß der Staat auch uns eines Tages zu den Begünstigten ernennt, die nicht mehr arbeiten müssen.

Der Staat ist also wie ein Schiff, das im Hafen liegt. Alle, die auf dem Schiff sind, werden zu einer wunderschönen Reise starten. Solange das Schiff vertäut ist und jedermann noch an Bord kann, wird kein Mensch etwas gegen das Schiff sagen, egal, wie verrottet es innen ist, ob es ein Leck hat oder sogar keinen Kapitän.

Erst wenn das Schiff abgelegt hat oder wenn es im Hafenbecken versunken ist, werden die Menschen erwachen und ihre Einstellung zum Schiff ändern.

Schulden, Zinsen, Wachstum

Die Menschen müssen arbeiten, um zu leben. Welche Menschen arbeiten müssen, entscheidet der Staat. Mit dieser Grunderkenntnis ist noch nichts über die *Entwicklung* der Wirtschaft gesagt, die auch von sich aus es schafft, den Menschen immer mehr Arbeit abzunehmen. Vor 150 Jahren mußte ein Arbeiter noch 84 Stunden pro Woche schuften, vor hundert Jahren noch 62 Stunden, inzwischen ist die Wochenarbeitszeit auf 40 Stunden gesunken. Rechnet man die tatsächliche Arbeitszeit, also abzüglich Urlaub, Krankheit, Fehlzeiten, dann beträgt sie nur noch 32 Stunden pro Woche.

Gleichzeitig hat sich der Lebensstandard gewaltig erhöht. Wir leben länger und besser als vor 150 Jahren. Dieser Fortschritt ist so stark, daß er jedes Jahr zu messen ist. Wir nennen das »Wirtschafts-Wachstum«.

Wie kommt es eigentlich zu diesem Wachstum?

Die einfache Erklärung lautet: es gab halt immer wieder tolle Erfindungen, Dampfmaschine, Auto, elektrisches Licht. Die haben das Leben und die Arbeit leichter gemacht. Deshalb kann man heute mit weniger Aufwand mehr leisten als früher.

Diese Erfinder-Theorie des Wachstums ist falsch. Sie erklärt nur das Fahrzeug, in dem das Wachstum vorangekommen ist, aber nicht, warum es überhaupt fährt. Um dies zu erklären, müssen wir etwas ausholen und eine Theorie vorstellen, die erst zu Beginn der 1980er Jahre von zwei Professoren an der Universität Bremen entwickelt wurde, von Gunnar Heinsohn und Otto Steiger, eine Theorie, die mit einer in den bisherigen Wachstums-Erklärungen unbekannten Größe arbeitet – dem **Liquiditäts-Druck.** Die Theorie lautet einfach: *Wirtschafts-Wachstum ist nur unter Liquiditäts-Druck möglich.*

Liquiditäts-Druck ist der Zwang, für Liquidität, d.h. für Bargeld sorgen zu müssen. Liquiditäts-Druck ist nicht der Zwang, sich überhaupt Geld besorgen zu müssen, damit man leben kann, wie das im vorigen Abschnitt geschildert wurde. Denn bei dieser Art von Geld-Besorgung sind wir ziemlich flexibel: wenn wir wenig Geld besorgen, können wir halt weniger essen, aber wir verhungern deshalb noch nicht.

Beim Liquiditäts-Druck ist das anders. Da muß eine ganz konkrete, von vorneherein feststehende Summe zu einem ganz konkreten, festgelegten Zeitpunkt besorgt werden. Zu dieser Liquidität gibt es also keine Alternative. Also, indem man nur ein bißchen davon besorgt. Entweder man ist liquide oder man ist nichts.

Liquiditäts-Druck entsteht, nachdem Schulden gemacht wurden, die nun zur Rückzahlung anstehen. Aber warum werden überhaupt Schulden gemacht? Kann nicht jeder einfach anfangen zu arbeiten, erst ein bißchen Geld verdienen, dann immer mehr, so daß alle besser leben und Wirtschafts-Wachstum sich von alleine ergibt?

Das geht eben nicht. Denn das »Geld«, das man so nach und nach verdienen will, ist ursprünglich gar nicht vorhanden. Wer das Geld zahlen will, zum Beispiel für Löhne, muß es sich selbst erst besorgen. Da er das noch nicht verkauft hat, was die Arbeiter herstellen, die die Löhne bekommen, muß sich der Unternehmer *verschulden*. Es geht nicht anders.

Selbst wenn einmal *ein* Unternehmen genug Geld in der Kasse hat, um die Löhne zu bezahlen, ohne gleich zur Bank zu müssen – es gibt aber massenhaft *andere* Unternehmen, denen es nicht so gut geht. Die müssen sich verschulden. Und damit ist der Liquiditäts-Druck in der Welt.

Heinsohn und Steiger haben mit Hilfe dieser Liquiditätsdruck-Theorie das ganze westliche Wirtschaftssystem, den sogenannten »Kapitalismus« erklärt und damit zugleich die – nur im Kapitalismus mögliche – *Dynamik,* die zu Wachstum führt.

Das Geheimnis des Kapitalismus

Was heißt »Kapitalismus«? Es bedeutet: auf der einen Seite gibt es »Kapitalisten«, also Unternehmer, die das Kapital haben: Grund und Boden, Maschinen usw. Auf der anderen Seite gibt es die Arbeiter, die kein Kapital haben, sondern nur ihre Arbeitskraft. Über die können sie allerdings genauso frei verfügen, wie der Unternehmer über seine Maschinen.

Als es noch keine Maschinen gab, existierte als Kapital nur Land. Damals ist der Kapitalismus entstanden, ganz konkret in England im Jahr 1381. Damals existierte der Vorgänger des Kapitalismus, der »Feudalismus«, ein ganz anderes System: Es gab zwar »Kapitalisten«, die das Land besaßen, sie hießen »Grundherren«, »Ritter« oder in England »Lords«. Das Land hatten sie nach der Eroberung der Insel bekommen, es wurde ihnen vom König aufgrund ihrer militärischen Verdienste »verliehen«. (Dieses Land war zunächst immer nur geliehen, auf Treu und Glauben, und vom lateinischen Wort für Treue = »fides« kam dann das Wort »Feudalismus«).

Nun waren die Lords nicht allein; sie hatten natürlich Bauern, die das Land für sie bestellten. Diese Bauern aber waren »unfrei«, ihre Existenz war an die Scholle gebunden, die sie beackerten. Sie konnten also nicht einfach zu einem anderen Lord gehen, weil der besser zahlte.

Bezahlt wurde überhaupt nur ganz selten, weil die Bauern einen Teil der Feldfrüchte behalten durften, und davon lebten. Es gab praktisch kein Geld.

Es kurisierte nur in den Handelsstädten, wo man mit gemünztem Gold und Silber Waren aus anderen Ländern eintauschte, und Geld mußte herbeigeschafft werden, wenn Sondersteuern anstanden, zum Beispiel, wenn der König zu einem neuen Krieg rief.

Da der englische König aber immer zu neuen Kriegen rief und immer neue Steuern, nicht nur in Naturalien, sondern in klingender Münze von den Bauern verlangte (die sie nicht hatten, da sie vom Lord nur Feldfrüchte bekamen und keinen Lohn), standen die englischen Bauern 1381 auf. Diese Bauernaufstände gegen die Feudalherren ziehen sich in ganz Europa bis ins 19. Jahrhundert hin. Immer ging es darum, die Lasten abzuschütteln. Auch wollten die Bauern »frei« werden, d.h. selbst Grund und Boden erwerben dürfen, um für sich selbst zu arbeiten und nicht immer für einen ungeliebten Grundherrn.

Die Bauernaufstände gingen ganz unterschiedlich aus. In Deutschland wurden die Aufständischen niedergemacht, die Bauern mußten in die Fron zurück. In der Schweiz (Wilhelm Tell!) gewannen die Bauern auf der ganzen Linie, wurden frei und hatten hinfort ihre eigenen Höfe. In England ging es unentschieden aus: die Lords behielten ihre Güter, aber die Bauern waren weg. Sie hatten sich »befreit«, konnten nicht mehr zur Arbeit gezwungen werden, hatten aber auch kein eigenes Land, das sie nun bebauen konnten.

Der Kapitalismus war plötzlich entstanden: Privates Kapital (Land) stand freien Arbeitern (Bauern) gegenüber. Wie aber sollte es nun losgehen mit der Arbeit? Die Lords konnten die Arbeiter ja nicht mehr zwingen, zu schuften. Also mußten sie bezahlen. Aber wovon?

In den Schlössern gab es keine geheimen Schatztruhen voller Bargeld. Die Lords hatten selbst immer nur von den Feldfrüchten und von der Jagd gelebt. Um nun die freien Arbeiter für sich zu gewinnen, mußte der Lord Zahlungsversprechen eingehen – er mußte sich *verschulden*.

Mit dem Kapitalismus sind also zugleich die Schulden auf die Welt gekommen. Schulden muß man machen, um nicht unterzugehen. Und gerade der Kapitalist muß Schulden machen, sonst findet er niemand, der – als Arbeiter – sein Kapital überhaupt in Gang setzt, seine Felder pflügt, seine Maschinen bedient.

Mit den Schulden beginnt der Liquiditäts-Druck: Der vereinbarte Lohn muß gezahlt werden oder (da die Löhne inzwischen zumeist vor dem Ende der Produktion gezahlt werden, bevor also das Produkt vermarktet ist und Geld hereinkommen kann): das Geld für den Vor-Financier ist aufzubringen.

Und nicht nur das Geld, das man sich geliehen hat, sondern mehr: das Geld *plus die Zinsen*. Denn niemand ist ein so großer Menschenfreund, daß er sein Geld umsonst verleihen würde, an einen Kapitalisten, daß der seine Produktion aufnehmen kann, schon gar nicht. Der Zins definiert die Schulden: gäbe es keinen Zins, gäbe es auch keine Kredite, ganz einfach.

Ohne Kredite aber wäre die Existenz des Kapitalisten vernichtet, bevor sie überhaupt beginnt. Er könnte, schlicht gesagt, gleich wieder zumachen. In unserer Vorstellung malen wir uns Kredit immer aus als etwas, das sozusagen »zusätzlich« erscheint: Weil ein Kapitalist, der schon genug hat, aber den Hals nicht voll kriegt, noch mehr verdienen will, nimmt er auch noch Kredite auf, um seinen Betrieb noch mehr zu erweitern.

Diese Vorstellung ist ganz falsch. Der Kredit erscheint, wie die Lords im 14. Jahrhundert, die ersten Kapitalisten, uns gezeigt haben, immer schon in dem Augenblick, da überhaupt die Produktion beginnt, bzw. beginnen *kann*.

Mit dem Kredit ist der Zins, mit dem Zins aber gleichzeitig die *Mehr*-Produktion in der Welt. Denn der Gläubiger will ja nicht nur sein Geld, sondern zusätzliches Geld zurückhaben. Dieses zusätzliche Geld kann sich der Schuldner nur beschaffen, indem er mehr produziert (und verkauft). Er muß also für *Wachstum* sorgen.

Damit ist der Kreis geschlossen: Privates Eigentum plus freie Lohnarbeiter = Kapitalismus = Verschuldungszwang, um der Existenzvernichtung zu entgehen = Liquiditätsdruck = Zwang, Geld plus Zinsen zurückzuzahlen = Wachstum.

Alle wollen dem Liquiditäts-Druck entfliehen

Seit es den Kapitalismus gibt, hassen ihn die Menschen. Das kann man gut verstehen. Denn dieser dauernde Druck macht mürbe, diese ständige Angst, die Existenz vernichtet zu sehen, wenn der Liquiditätsdruck übermächtig wird. Allerdings kritisieren die Menschen nicht diesen *inneren Motor* des Systems, weil sie ihn gar nicht kennen. Das Liquiditätsdruck-Theorem wurde, wie gesagt, von den Professoren Heinsohn und Steiger erst zu Beginn der 80er Jahre dieses Jahrhunderts entdeckt, und die beiden haben es vermutlich auch nur entdeckt, weil sie früher überzeugte Marxisten waren, die sich eines Tages dann doch zu wundern begannen, warum der so hochgerühmte Sozialismus in der Praxis nie funktioniert. Da machten sie sich Gedanken über das Grund-Prinzip des Wirtschaftens und so kamen sie dem Kapitalismus auf die Schliche.

Ihre Kapitalismus-Kritik drücken die Menschen nicht aus, indem sie den versteckten inneren Motor kritisieren. Sie halten sich vielmehr bei den Äußerlichkeiten auf, vornehmlich am »Eigentum«. Das private Eigentum des Kapitalisten an den Produktionsmitteln wird abgelehnt, weil die »Reichen« damit die »Armen« ausbeuten. Karl Marx hat diese Form der Kapitalismus-Kritik zur Vollkommenheit gebracht, indem er schließlich folgert, die Produktionsmittel aus der Hand der Kapitalisten zu nehmen, alle Fabriken, Maschinen, Grund und Boden zu »sozialisieren«.

Im Sozialismus ist der Kapitalismus beseitigt, das stimmt, weil es kein privates Eigentum an den Produktionsmitteln mehr gibt. Wie es im Feudalismus keinen Kapitalismus gegeben hat, weil damals die freien Lohnarbeiter nicht existierten. Nur verschwindet mit dem Kapitalismus logischerweise und

sofort auch sein geheimer Motor: der Liquiditätsdruck. Kapitalische Betriebe können pleite gehen,
im Kapitalismus gibt es Arbeitslose, die echte Exi-
stenzsorgen haben müssen. Im Sozialismus gibt es
keinen Liquiditätsdruck, kein sozialistischer Betrieb
kann pleite gehen, Arbeiter unter dem Sozialismus
bleiben normalerweise immer beschäftigt, da die Betriebe keinen Grund haben könnten, sie zu entlassen: sie können ja nicht pleite gehen – egal wieviele
Leute sie beschäftigen.

Der von Marx geforderte Sozialismus, der in vielen
Staaten inzwischen verwirklicht ist, wird von den
meisten von uns als Alternative zum Kapitalismus
abgelehnt, weil seine Begleitumstände die Menschen abschrecken. In keinem sozialistischen Land
gibt es persönliche Freiheit, man kann seinen Betrieb nicht wechseln, wie man will, man kann keine
freie Karriere planen, sondern ist von politischen
Kommissaren abhängig. Im Sozialismus kann auch
niemand sein Glück machen, weil er z.B. nicht
Unternehmer werden kann (um zum Beispiel eine
tolle Erfindung zu vermarkten). Und wer das soziali-
stische Land verlassen will, muß dazu eine Genehmi-
gung haben, sonst wird er beim Grenzübertritt er-
schossen, wie dies in Deutschland fast jede Woche
aufs neue zu studieren ist.

Aber mit der Kritik am Sozialismus ist es wie mit der
Kritik an den Staatsausgaben und der Staatsverschuldung: so richtig die Volksseele bringt das nicht
zum Kochen.

Bei der Kritik am Staat sagen sich die Leute im inner-
sten: das ist aber der Staat, der auch mich eines Ta-

ges *arbeitsfrei und dennoch nicht einkommenslos* stellen könnte. Und beim Sozialismus fühlen die Leute, daß dort eben dieser *entsetzliche Druck nicht mehr herrscht,* der uns hier das Leben so sehr vergällt.

Wenn der Sozialismus dennoch keine ernst zu diskutierende Alternative für die Menschen unter dem Kapitalismus ist – was dann? Wie kann ich dem Liquiditätsdruck entfliehen? Wie diesem Zwang, immer weiter arbeiten zu müssen, um zu leben?

Was kaum jemand ahnt: am meisten versuchen gerade diejenigen zu fliehen, die eigentlich zu den Begünstigten des Systems gehören – die Kapitalisten. Ich kenne keinen Unternehmer, der nach einer gewissen Zeit nicht zugegeben hätte: »Am liebsten würde ich meinen Betrieb verkaufen. Wenn ich nur jemand fände, der mir dann eine gute, sichere Rente zahlt.«

Der Unternehmer, der Kapitalist, will in Wirklichkeit gar kein Unternehmer sein. Er pfeift im Grund auf die »Produktionsmittel«, die ihm gehören, und mit denen er die Arbeiter angeblich so toll ausbeuten kann. Der Unternehmer will in Wahrheit *Rentner* sein.

Genauso wie der Arbeiter, der sich den Tag herbeisehnt, wo er Geld bekommt, ohne dafür arbeiten zu müssen, will auch der Unternehmer lieber heute als morgen hinwerfen. Wenn er nur sicher sein könnte, daß er seinen Lebensstandard aufrecht erhalten kann, sein Haus, seine Reisen, seine Hobbies. Die meisten Unternehmer verkaufen ihren Betrieb auch nur deshalb nicht sofort, weil er ihnen noch immer das »sicherste« Mittel erscheint, den Lebensstandard (also die »Rente«) zu erhalten. Vom Betrieb verstehen sie etwas, im Markt kennen sie sich aus, die Konkurrenten haben sie im Griff. Sie wissen, wie man neue Produkte entwickelt, im Markt einführt, wie man die Steuer austrickst, Gewinne verschiebt, stille Reserven bildet.

Der Unternehmer ist nicht etwa deshalb Unternehmer, weil es Arbeiter gibt, die er ausbeuten kann – wie dies die Marxisten behaupten. Vor den Arbeitern hat der Unternehmer vielmehr Angst: sie treiben jedes Jahr die Kosten hoch, sie stehlen seine Zeit, vor allem, wenn es einen schwierigen Betriebsrat gibt, der dauernd etwas zu meckern hat. Am liebsten würde der Unternehmer sein Geld in etwas »investieren«, wo es gar keine Arbeiter und keine Reibereien gibt. Die These, daß der Kapitalist nur darauf lauert, arme Arbeiter in seine Fabrikhallen zu sperren, um sie dann auszuquetschen, ist das lächerlichste, was je erdacht wurde.

Daß sich Kapitalisten überhaupt jemals auf Arbeiter eingelassen haben, lag in der Natur des Systems: sie hatten leider keine andere Möglichkeit, um selbst zu überleben. Hätte man den englischen Lords im 14. Jahrhundert gesagt: Ihr könnt Euer Land verkaufen, also die Produktionsmittel abgeben (ohne die man bekanntlich keine Arbeiter »ausbeuten« kann) und ihr könnt dann genauso flott weiterleben, wie bisher, mit Jagen und Schlössern, schönen Damen und Gelagen: die Lords hätten nichts lieber getan, als ihren Krempel sofort hinzuschmeißen. Aber leider: Sie mußten ihn behalten, sie mußten obendrein noch

Schulden machen, um den Krempel mit Arbeitern bemannen zu können, sonst wären sie eines Tages verhungert vom Schloßturm gefallen.

Die Unternehmer sind also die ersten, die den Kapitalismus abschaffen würden, wenn sie nur könnten.

Das erklärt übrigens auch, warum sich die Unternehmer, sehr zum Leidwesen ihrer Funktionäre in den Industrie- und Wirtschaftsverbänden, nie für das – wie der Kapitalismus heute heißt – »System der freien Marktwirtschaft« einsetzen. Denn dieses System ist das des Liquiditätsdrucks, und dem wollen die Kapitalisten ja genauso gern entkommen, wie alle anderen Menschen auch.

Was den Unternehmern recht ist, kann der Masse der Bevölkerung nur billig sein: zu versuchen, *dem Existenzdruck zu entkommen*. Weil die Masse der Menschen, die keine Produktionsmittel haben, nun mal in der Überzahl ist, hat sie sich auch ein erstes Privileg gesichert, wie man dem Existenzdruck entkommen kann: was den Unternehmern inzwischen durch Gesetz überall strengstens verboten ist, nämlich sich unter Preisabsprachen zusammenzuschließen, bleibt den Arbeitnehmern erlaubt. Sie dürfen Gewerkschaften bilden, also die Arbeitskraft kartellieren bzw. (bei besonders kleinen Gewerkschaften, wie z. B. in England) monopolisieren.

In der Bundesrepublik Deutschland sind inzwischen von rund 26 Millionen Beschäftigten 10 Millionen in einer Gewerkschaft, was ziemlich klar auf den Grad des Existenzdrucks verweist, der herrschen muß. Niemand tritt in eine Gewerkschaft ein und zahlt dafür hohe Beiträge, bloß weil er die Funktionäre so prima findet. Die Gewerkschaften sind vielmehr ein Mittel zum Zweck. Ein erster Flucht-Punkt auf der Straße weg vom Existenz-Risiko.

Zum Vergleich: als in Deutschland noch Kartelle erlaubt waren, ging es nicht weniger üppig zu. So gab es Anfang der 1930er Jahre im Gebiet des Deutschen Reiches rund 3500 solcher Unternehmer-Zusammenschlüsse, die fast 70 Prozent der gesamten Produktion umfaßten: ein gigantischer Versuch, dem Liquiditätsdruck zu entkommen, der das kapitalistische Wirtschaftssystem nun einmal beherrscht.

Kartelle und Gewerkschaften sind nun nicht die einzigen Fluchtpunkte. Es gibt da jede Menge, vom Aussteigen bis zum Alkoholismus. Der hohe Stellenwert, der zum Beispiel dem Urlaub zukommt, ist ja nicht einfach damit zu erklären, daß man »mal ausspannen« kann, daß man braun wird und fremde Länder studiert. Die eigentliche Faszination des Urlaubs liegt in der Tatsache, daß er vorübergehend eine liquiditätsdruck-freie Welt beschert. So wollen wir »eigentlich immer« leben – wenn wir nur könnten. Aber leider müssen wir immer wieder in den »Streß« zurück, müssen wir uns dem Gesetz des Kapitalismus unterwerfen, das da lautet: *Du mußt Schulden machen, wenn Du überleben willst.* Und wenn Du überleben willst, mußt Du die Schulden mit Zins und Zinseszins zurückzahlen.

Aber: Dieses Gesetz des Kapitalismus sorgt für Wachstum, für höheren Lebensstandard, sorgt auch – worauf wir bald zurückkommen werden – für die so dringend benötigten *steigenden Staatseinnahmen.*

Zunächst müssen noch zwei weitere Fluchtwege vorgestellt werden, die der unter dem Liquiditätsdruck leidende Mensch in dieser Zeit gesucht und gefunden hat: die Inflation und die Versicherung.

Fluchtweg Inflation

Inflation heißt: die Preise steigen. Nicht etwa vorübergehend, um dann wieder zu sinken, sondern dauerhaft. (Das Problem der Inflationserzeugung werden wir unten noch kennenlernen, hier genügt zunächst die Tatsache, daß es Inflation gibt).

Inflation ist also ein geradezu ideales Mittel, um dem Liquiditätsdruck zu entkommen: denn die Schulden stehen ja fest, die ich zurückzahlen muß, und mit den Schulden die Zinsen. Wenn nun die Preise steigen, bedeutet das: *ich muß mich immer weniger anstrengen, um meine Schulden zurückzuzahlen.*

Beispiel: Ein Unternehmer hat eine Halle gebaut. (Ohne Halle kann er nichts produzieren, er ginge also unter). Diese Halle hat eine Million gekostet. Mit Zinsen muß er zwei Millionen zurückzahlen.

Als die Halle fertig ist, produziert er im ersten Jahr 10 000 Anzüge. Dafür kriegt er 100 Mark das Stück, also in einem Jahr eine Million.

Zehn Jahre später ist der Kredit zur Rückzahlung fällig. Zwei Millionen Mark. Der Unternehmer produziert, wie im ersten Jahr, immer noch 10 000 Anzüge. Weil wir aber Inflation haben, kosten die Anzüge jetzt 300 Mark. Der Unternehmer nimmt also im Jahr drei Millionen Mark ein – ohne daß auch nur ein Streich mehr geleistet würde. Und mit dem inflationsbedingten Mehr-Umsatz von zwei Millionen kann er höchst bequem den Kredit tilgen. Ohne Druck, ohne Ärger, ohne schlaflose Nächte.

Natürlich gibt es noch die Arbeiter, die inzwischen schon allein deshalb höhere Löhne fordern, weil »alles teurer« geworden ist. So günstig für den Unternehmer also die Kredit-Tilgung in der Inflation sein kann, es bleibt noch ein unkontrollierbarer Faktor: die Lohnkosten. Am besten wäre es daher: die Halle gleich ganz zu verkaufen. Denn die ist auch auf das Dreifache gestiegen: der Unternehmer gibt also die Halle ab, kassiert drei Millionen, zahlt die zwei Millionen an die Bank zurück und hat sogar noch eine Million im Sack.

Dieses Beispiel zeigt, daß die Inflation vor allem dann ein idealer Ausweg aus dem Liquiditätsdruck ist, wenn nur noch reine »*Sachwerte*« daran beteiligt sind, zum Beispiel unbebaute Grundstücke, Edelmetalle, Diamanten oder Kunstwerke.

Da der Kapitalist von sich aus überhaupt kein Interesse hat, Produktionsmittel zu betreiben und darin Arbeiter »auszubeuten«, wird er sein Lebensproblem, ein liquiditätsdruck-freies Einkommen zu haben, mit Freuden angehen, wenn er erkennt, daß eine größere Inflation auf die Welt zukommt. Dies war typisch für die 1970er Jahre. Wer damals in Gold investiert hat, konnte sein Vermögen verzehnfachen. Das war beim Betreiben einer Fabrik ganz unmöglich.

In den 70er Jahren wurde daher immer mehr in Sachwerte investiert und nicht in die Produktion. Dies ist nebenbei auch die Erklärung für die in den 70er Jahren immer weiter gestiegene *Arbeitslosigkeit:* wozu Liquiditätsdruck auf sich nehmen, also Arbeitsplätze zu schaffen, wenn man sein Geld viel einfacher verdienen kann?

Die Inflation erklärt nicht nur die Arbeitslosigkeit (was dann in der »Inflationsbekämpfung« geschieht, werden wir noch unten sehen). Sie erklärt auch, warum *das Wachstum immer geringer wird.* Denn wer dem Liquiditätsdruck entkommen ist, hat keinerlei Verursachung mehr, sich anzustrengen, schon gar nicht, irgendwelche Schulden, die er zur Vermeidung seines Untergangs aufnehmen mußte, mit echt verdienten Zinsen zurückzuzahlen. Wo diese »echt« verdienten Zinsen fehlen, fehlt auch der Zwang zur Mehr-Produktion, fehlt ergo das Wachstum.

Fluchtweg Versicherung

Sich versichern heißt: Versuchen, dem Existenzrisiko zu entkommen und damit ebenfalls dem Liquiditätsdruck.

Eine Versicherungsart ist dafür besonders typisch: die Lebensversicherung. Dabei wird nicht etwa einfach nur das Todes-Risiko versichert. Damit die überlebenden Familien-Mitglieder versorgt sind, wenn dem Ernährer etwas passiert.

Nein, der Ernährer versichert zugleich *sich selbst,* also sein Lebens-Risiko. Er zweigt Einkommensteile »für später« ab. In der Bundesrepublik Deutschland gibt es bei 60 Millionen Einwohnern 350 Millionen Versicherungsverträge, und daß nicht nur der mögliche Unglücksfall (Brand, Einbruch, Tod) versichert wird, sondern das allgemeine Lebensrisiko, beweist die Summe, die inzwischen für Versicherungen aufgebracht wird: es sind zehn Prozent des Einkommens. Dies wird zusätzlich und freiwillig zu den amtlich verordneten Versicherungen für Rente, Krankheit und Arbeitslosigkeit bezahlt.

Die Entwicklung der sogenannten »Kapitallebensversicherungen« ist geradezu sensationell. (Kapitallebensversicherungen sind die Versicherungen für den Todes- *und* Erlebensfall; zur Versicherung gegen Tod kommt noch ein als »Versicherung« verkaufter Sparvertrag): Die Lebensversicherungen haben inzwischen Aktiva in Höhe von über 200 Milliarden Mark. Dies ist nicht nur etwa das Zehnfache des »Vermögens« das die für die Existenzsicherung im Alter zuständige staatliche Rentenversicherung für Arbeiter und Angestellte hat. Es ist eine Zahl, die sich auch mit atemberaubenden Wachstumsraten nach oben entwickelt: Seit 1977, also in einem Zeitraum von fünf Jahren, stiegen die Versicherungs-Aktiva um die Hälfte an.

Dieser Erfolg der Lebensversicherungen ist nicht nur der Tüchtigkeit der Versicherungs-Vertreter zu verdanken, sondern vor allem dem Wunsch nach mehr »Sicherheit«.

Je geringer die Gefahr ist, daß mich der Liquiditätsdruck übermannt, daß ich einkommenslos untergehen muß, desto »sicherer« bin ich. Das Einzahlen in Erlebens-Versicherungen ist also ein Ansparen gegen den Liquiditätsdruck, der hinter allem lauert. Versicherungen wirken, volkswirtschaftlich betrachtet, genauso wie Inflationen: sie versuchen den Existenzdruck zu vermindern und führen dabei logischerweise zu geringerem Wachstum. Auf diesen Prozeß hat vor allem der Schweizer Nationalökonom Professor Walter Wittmann hingewiesen, in seinem Buch »Ausverkauf der Sicherheit«, worin er ein eigenes Kapitel »Sicher mit Versicherungen?« geschrieben hat.

Wittmann konstatiert ebenfalls die starke Zunahme der Lebensversicherung, wobei er »Überversicherungen« feststellt, womit sich »Personen finanziell stärker absichern, als zur Erhaltung ihrer Existenz erforderlich«. Wittmann, der aus einem Land kommt, das im Versicherungswesen unbestritten die Nummer Eins ist, stellt fest, daß solche Überversicherungen zu Ersparnissen führen, die dann von Generation zu Generation weitergegeben werden: »Je größer Erbschaften sind, desto geringer ist die Motivation und Notwendigkeit, mit eigenen Leistungen Einkommen zu erzielen«.

Vor allem »Selbständige und Unternehmer« (also die Leute, die nach dem Heinsohn-Steiger-Theorem am meisten unter dem Liquiditätsdruck leiden, die also vice versa die größten Leistungsträger für das Wirtschaftswachstum sind) trachten danach »sich finanziell für ewige Zeiten abzusichern.« Wittmann: »Dabei geht wertvolle unternehmerische Substanz verloren. Dies wirkt sich auf die Dauer äußerst negativ auf die Leistungsfähigkeit des Wirtschaftssystem aus.«

So ist es in der Tat: *Je mehr Rundum-Versicherte, desto geringer muß das Wachstum sein.*

Dieser Prozeß wird noch von der »anderen« Seite her forciert, von den Versicherungen. Denn die müssen die Gelder ihrer Versicherten, möglichst »sicher« anlegen. Dies bedeutet aber: Versicherungen legen ihr Geld vor allem in Bereichen an, in denen kein Liquiditätsdruck herrscht, wo also die Gefahr des Ausfalls eines Kredits sehr gering ist. Die Bereiche mit hohen Risiken werden gemieden, mit den hohen Risiken aber auch die hohen Chancen.

Wirtschaftswachstum ist nur unter Druck möglich, was sich in diesen hohen Risiken und Chancen äußert. Je mehr Kapital also die Versicherungen an sich ziehen, weil immer mehr Menschen versuchen, dem Existenzdruck ein für allemal zu entgehen, desto problematischer aber wird die Anlage der Versicherungs-Gelder. Die Versicherungen müssen sich mit immer niedrigeren Renditen zufrieden geben, denn wo kein Liquiditätsdruck und kein Wachstum herrscht, wird auch kein Geld verdient, können keine hohen Renditen gezahlt werden.

Je höher der Versicherungsstand einer kapitalistischen Wirtschaft liegt, desto geringer ist letztlich die Sicherheit der Versicherung. Wittmann folgert, »daß Versicherungen und insbesondere Rückversicherungen (Versicherungen für die Versicherungen) auf die Dauer grundsätzlich nur so sicher sind, wie es die Entwicklung der volkswirtschaftlichen Leistungsfähigkeit zuläßt.«

»Volkswirtschaftliche Leistungsfähigkeit« ist aber nur ein anderes Wort für »Wachstums-Potential«. Da ein solches Potential nur unter Liquiditätsdruck aufgebaut werden kann (unfreiwillig natürlich, wie

88

wir oben gesehen haben), und da die Versicherungen den Liquiditätsdruck zu minimieren versuchen, ist also auch in diesem Punkt das Verhängnis bereits vorgezeichnet: *voll versichert marschiert die ganze Volkswirtschaft einem Zustand entgegen, in dem überhaupt keine Versicherung mehr ausgezahlt werden kann, weil das Wachstum, das dazu notwendig wäre, just durch diese Versicherungen beseitigt wurde.*

Zusammenfassung

1. Die Menschen **müssen** arbeiten, um zu **leben.**
2. Sie wissen aber auch, daß nicht **alle** Menschen arbeiten müssen, um zu leben, und sie ahnen, daß es vor allem **der Staat** ist, der das Privileg **arbeitsloser Einkommen** verleiht.
3. Der Zwang, zu arbeiten, hat sich im Lauf der Jahre **vermindert,** weil es **Wirtschaftswachstum** gibt.
4. Dieses **Wachstum** kommt aber nicht »so« daher, es ist vielmehr das **Kennzeichen des kapitalistischen Wirtschaftssystem.**
5. Kapitalismus bedeutet **Verschuldungszwang** und **Liquiditätsdruck.** Aus dem Druck, Schulden mit **Zinsen** zurückzahlen zu müssen, entsteht Zwang zur **Mehrproduktion,** zum **Wachstum.**
6. Die Menschen hassen das kapitalistische System, weil es sie zur **Leistung** preßt, die aus dem Zwang zur **Tilgung** der **Schulden** resultiert, die sie aufnehmen **mußten,** um die **Existenzvernichtung** zu **vermeiden.**

7. Das System wird nicht etwa nur vom ausgebeuteten **Arbeiter** abgelehnt, sondern erst recht vom ausbeutenden **Unternehmer.** Wenn er damit seine Existenz sichern könnte, würde er lieber heute als morgen seinen **Betrieb verkaufen.**

8. Alle Menschen versuchen also, dem System zu **entfliehen.** Dabei tun sich zunächst zwei Fluchtwege auf: die **Inflation** und die **Versicherung.**

9. Während der **Inflation** kann ein Kapitalist seine Existenz sichern, ohne Arbeiter ausbeuten zu müssen: er steigt in **Sachwerte** um und entkommt so dem **Liquiditätsdruck.**

10. Mit der **Versicherung** wird das Existenzrisiko, der **künftige,** drohende **Liquiditätsdruck** ausgeschaltet.

11. Wo der **Liquiditätsdruck** aber vermieden ist oder ausgeschaltet wird, **sinkt** das **Wachstum.** Immer mehr **Inflation** führt zu immer mehr **Arbeitslosigkeit.** Immer mehr **Versicherung** führt dazu, daß die Versicherungen am Ende **nicht ausgezahlt werden können.**

Warum jeder Staat bankrott machen muß

»Jede Anleihe muß nämlich wenigstens verzinst, womöglich auch amortisiert werden. Das Deficit zeigt eben, daß die bestehenden Steuern dazu nicht ausreichen. Jede Anleihe erfordert daher eine Steuererhöhung um den Betrag des Zinses und der Amortisierungsquote derselben.
Es leuchtet ein, daß, wo eine solche Steuererhöhung gleichzeitig mit der Anleihe nicht stattfindet, der Zins der gemachten Anleihe nur noch durch neue Anleihen gedeckt werden kann, was seine Grenze in sich selbst findet.«

Lorenz von Stein, 1860

Staatsbankrott – es gibt nichts anderes

Dieser Staat wird bankrott machen. Unser Staat, Euer Staat. Alle Staaten werden bankrott machen. Das ist so sicher wie das Amen in Sankt Peter.

»Der Staatsbankrott kommt« – diese Aussage ist in ihrer Logik schon trivial. Auch das Wort »Staatsbankrott« ist eine Tautologie: Staat heißt – bankrott machen. Natürlich steht so etwas nicht in den Schulbüchern, weil die bekanntlich vom Staat genehmigt werden. Und es ist nicht in den Schalterhallen der Banken angeschlagen. Denn die Banken machen mit dem Staat und seinen Schulden glänzende Geschäfte – und anschließend genauso bankrott.

Als ich 1980 als erster auf den kommenden Staatsbankrott in der Bundesrepublik Deutschland hingewiesen habe, schrieb der Bundesfinanzminister treuherzig zurück, davon könne keine Rede sein. Er persönlich werde dafür sorgen, daß alle Staatsschulden pünktlich und auf Mark und Pfennig genau zurückgezahlt würden.

Abgesehen davon, daß es diesen Finanzminister längst nicht mehr gibt (er hieß Hans Matthöfer), hat der Staat seine Schulden in der Tat pünktlich und auf Mark und Pfennig zurückgezahlt: mit neuen Schulden.

Die Schulden allein des Bundes sind in den ersten 30 Monaten der 80er Jahre um 100 Milliarden Mark, ist gleich um 50 Prozent angeschwollen. Von der Rückzahlung von Staatsschulden kann nicht die Rede sein. Heute nicht, morgen nicht. Niemals.

Der Staatsbankrott eines jeden Staates ist unter jeder nur denkbaren Entwicklung ein unabwendbares Faktum.

Der Gutsherr und die Insel Helgoland

Es war einmal ein reicher Gutsherr, der hatte viele Hektar Land und Wald und Wasser. Der lebte in Saus und Braus. Am Rande des Gutes lag ein kleines Dorf mit vielen armen Menschen, die kaum etwas zu essen hatten, kein Licht, kein fließend Wasser. Und in den Straßen stand der Kot halbmeterhoch.

Eines Abends kam ein Fremder in das Dorf, sagte »Guten Abend, ich bin der Staat, ich kann Euch helfen. Gebt mir nur die Macht.« Das hörten die armen Leute gern, sie gaben dem Staat die Macht und der Staat ging am nächsten Morgen zum Gutsherrn und zwang ihn mit Hilfe der Macht, etwas von seinem Reichtum abzugeben.

So erhielten die Bürger feste Straßen, Licht und fließendes Wasser. Sie waren sehr froh darüber und baten den Staat am nächsten Tag, noch mehr für sie zu erledigen: neue Häuser zu bauen mit schicken Einrichtungen, Teppichen, Bildern, Fernsehapparaten. Der Staat nahm wieder die Macht mit, ging zum Gutsherrn und holte sich das Geld für die schönen Dinge, die die Bürger haben wollten.

Nun hatte der Staat selbst Gefallen gefunden, wie das so schön funktionierte, mit der Macht und dem Geld, und wie man damit arme Leute glücklich machen kann. Und er fragte die Bürger am Abend: »Was könnte ich denn noch für Euch tun? Wollt Ihr vielleicht überhaupt nicht mehr arbeiten, Euch nicht mehr schinden und plagen?«

»Ja, ja«, jubelten die Bürger. Und der Staat nahm wieder die Macht, ging zum Gutsherrn und sagte: »Jetzt will ich den Rest haben.« Aber der Gutsherr sagte: »Den Rest hatte ich Dir schon gestern gegeben. Heute ist niemand zur Arbeit gekommen. Es ist weder etwas geerntet worden, noch Gewinn übrig geblieben.« Anschließend ritt der Gutsherr mit seinem Pferd davon: er kehrte nie mehr auf sein ruiniertes Gut zurück.

Der Staat aber wußte nun auch nicht weiter. Unten im Dorf warteten ja die Menschen auf das viele Geld, das er ihnen versprochen hatte. Das es aber überhaupt nicht gab. Das es auch nie mehr geben würde, da die Menschen nicht mehr arbeiten wollten und der Gutsherr verarmt und verschwunden war.

Das war der Tag, als sich der Staat auf den Dorfplatz stellte und den Bürgern erklärte: »Ich bin bankrott«.

Mit dieser Geschichte ist das wesentliche über Staat, Macht, Bürger und Steuern gesagt. Wenn man heute über die Probleme der Staatsfinanzen diskutiert, heißt es immer: »Dann müssen wir eben die Einnahmen verbessern, die Steuern erhöhen, Ergänzungsabgaben einführen, die Steuerflucht und die Schwarzarbeit unterbinden.« Als ob damit noch irgendetwas zu retten wäre! Es liegt nämlich nicht an den Einnahmen, sondern an den Ausgaben, konkret an den *versprochenen Ausgaben,* die so oder so nie und nimmer finanziert werden können, da der »reiche Gutsherr« (= Steuerzahler) so viel Geld nie und nimmer aufbringen kann.

Typisch für das »*Anspruchsdenken*« der Bundesbürger ist die Sache mit der Insel *Helgoland*. Dort, auf der Insel in der Nordsee leben 2 500 Menschen. Ihre Insel besteht aus zwei Teilen: einem hochgelegenen Felsen-Festland und einer großen Düne. Das Meer spült diese Düne nach und nach weg. Die Düne soll nun gerettet werden, durch »Aufspülen« mit großen Saugbaggern. Das kostet sehr viel Geld und die Helgoländer haben an die zuständige Landesregierung in Kiel den Antrag gestellt, daß die Kosten vom Staat gezahlt werden.

Wieviel?

Zwischen 120 und 140 Millionen Mark. Pro Kopf jedes Helgoländers über 50 000 Mark. Soviel Steuern zahlen die in den nächsten 20 Jahren nicht. Aber sie verlangen, daß andere Steuerzahler dafür aufkommen. Aber weil die Landesregierung die auch nicht finden wird, kommt es wieder zur bewährten Lösung: Schulden machen.

Gibt es denn wenigstens Schulden ohne Zinsen?

Am liebsten zahlt ein Schuldner natürlich gar keinen Zins. Wie das unter guten Freunden manchmal üblich ist. Gib mir Geld, und du bekommst es dann und dann zurück.

Aber der Staat ist nicht unser guter Freund. Schon deshalb nicht, weil er uns mit Waffengewalt die Steuern abnimmt. Wenn der Staat also von uns Geld ha-

ben will, muß er uns dafür attraktive Zinsen versprechen wie andere Schuldner auch.

Es gibt versponnene Leute, die wollen den Zins beseitigen. Der Nationalsozialismus kam an die Macht,
weil er den unter dem Liquiditätsdruck stöhnenden
Menschen versprach, »die Zinsknechtschaft zu brechen«. Ein deutscher Ökonom namens Silvio Gesell
hat vor dem Ersten Weltkrieg sogar eine kombinier-
te Null-Zins- und Wachstumstheorie entwickelt.
Wer Geld hat, sollte sogar dafür bestraft werden,
daß er es behält. Wer daraufhin sein Geld ausgibt,
schafft natürlich »Nachfrage« und kurbelt die Wirtschaft an.

Einen negativen Zins richten manchmal Staaten ein,
die unerwünschtes Kapital von ihren Grenzen fern
halten wollen, wie die Schweiz in den 1970er Jahren.
Wer damals als Ausländer Geld auf einem Zürcher
Konto stehen ließ, mußte bis zu 30 Prozent Strafe
zahlen.

Im normalen Leben aber muß Zins sein. Der Zins ist
ein Preis für Geld und Kapital, und wie andere Preise
auch, entsteht er aufgrund einer Mischkalkulation:
Zunächst einmal gibt es einen »Urzins«. Das ist
nichts anderes als die Tatsache, daß wir etwas heute
lieber haben als erst in ferner Zukunft, weshalb wir
bereit sind, für das »Heute« etwas mehr zu bezahlen.
Der Urzins ist kein Phänomen von Angebot und
Nachfrage, er liegt vielmehr in der menschlichen Natur. Der Ökonom Ludwig von Mises beschreibt dieses Phänomen anschaulich: »Wer den Urzins beseitigen wollte, müßte die Menschen dazu bringen, einen
Apfel, der in hundert Jahren verfügbar sein wird,

nicht niedriger zu schätzen als einen genußreifen Apfel.«

Diese menschliche Eigenschaft, *die Gegenwartsgüter für wichtiger zu halten als zukünftige,* macht sich gerade auch der Staat zunutze, indem er politische Programme inszeniert. An sich könnten Politiker bestimmte Projekte erst in Angriff nehmen, nachdem sie viele Steuern eingenommen und einen Teil davon gespart haben. Von einer Million Steuern werden jedes Jahr 200 000 Mark gespart, nach 5 Jahren kann dann die Straße gebaut werden, die eine Million kostet. So muß es doch auch ein vorsorglicher Hausvater machen, der auf ein Auto spart und es erst dann kauft, wenn er das Geld zusammen hat.

In der Natur des politischen Geschäftes aber liegt das Großspurige, das Versprecherische: *alles soll auf einmal geschehen und alles sofort.* Die größten Projekte – ein Klacks. Der Politiker klatscht in die Hände und schon ersteht alles: Autobahnen, Schwimmbäder, Rehabilitationszentren. Da keine Steuern auf die hohe Kante gelegt wurden, werden Schulden gemacht. Das im Menschen liegende Phänomen »Urzins«, der Vorsprung also, den heutige Güter gegenüber späteren haben, verführt umgekehrt dazu, sich das Heutige nicht nur vorzustellen, sondern es tatsächlich auch zu inszenieren. Dies kann der Staat umso leichter, als er die Macht hat (oder sich das eine Zeitlang einbildet), die gewünschten heutigen Güter ohne Probleme und Folgekosten in immer größerer Quantität bereitzustellen.

Das führt dann dazu, daß der Zins, der sich aus Angebot und Nachfrage am Markt ergibt, immer weiter steigen muß. *Je mehr Güter aus der grauen Zukunft, in der sie eigentlich erst »fällig« wären, in die Gegenwart geholt werden, desto höher wird das Aufgeld, das wir dafür zu bezahlen haben: der Zins steigt.*

Das Verhältnis von Staat und Zins ist also ganz einfach zu erklären: Durch die Konkurrenz der Politiker untereinander entstehen immer größere Staatsprogramme. Jener Politiker wird gewählt, der die schönste Welt zu malen weiß, und wer als Politiker gewählt wird, hat einen Großteil seiner Existenzprobleme ein für alle Male hinter sich. Ein ganz normaler Bundesminister geht nach ein paar Jahren mit einem Anspruch auf über 10 000 Mark monatliche Rente in den Ruhestand.

Die immer größeren Staatsprogramme bedeuten immer höhere Ausgaben und daher immer höhere Schulden. Dies ist die Logik des politischen Geschäftes. Würden keine Schulden gemacht, also keine zusätzlichen Güter aus der Zukunft in die Gegenwart geholt (Güter oder Geldzahlungen), würde Politik sofort als Bluff durchschaut. Die Politiker könnten dann nur das Geld ausgeben, das die Bürger zwangsweise in Form von Steuern bezahlen, das sie sehr unfreiwillig bezahlen und das sie, wenn es keine Steuern mehr gäbe, sofort für sich und damit »sinnvoller« ausgeben würden.

Also damit, daß man die Bürger zwingt, ihr Geld für Sachen auszugeben, die sie gar nicht haben wollen – was Steuern und Staatsausgaben zusammen sind – wäre buchstäblich »kein Staat zu machen«. Wenn der Politiker überhaupt überleben will, wenn Politik überhaupt möglich sein soll, müssen Schulden her:

es muß mehr ausgegeben werden als dem Bürger abgeknöpft wurde. Wir haben hier also, über die Analyse des Zinses, erneut das »Kassierer-Problem« entdeckt, das oben ausführlicher vorgestellt wurde.

Das Resultat von immer weiter steigenden Staatsausgaben, die immer höhere Staatsschulden mit sich bringen, ist der langfristig ansteigende Zins. In den 60er Jahren waren 6 Prozent für Staatskredite die Norm, acht Prozent eine Seltenheit. In den 70er Jahren waren 8 Prozent die Norm, in der Spitze wurden zehn Prozent erreicht. In den 80er Jahren lag der Durchschnittszins für öffentliches Geld bisher bei über zehn Prozent, in der Spitze bei zwölf.

Religion und Zinsen

Alle Religionen lehnen logischerweise den Zins ab. Das kirchliche Zinsverbot hat im Mittelalter mit zum Stillstand der wirtschaftlichen Aktivitäten geführt und war mit eine Hauptursache für den Judenhaß. Die Juden waren als Nichtchristen dem Zinsverbot nicht unterworfen und konnten also als die Instanz fungieren, in der sich das menschliche Wesen ganz einfach offenbarte: in der Bevorzugung von gegenwärtigen Gütern, wofür man eben den »Zins« bezahlen muß. Da es nur einen sehr kleinen Bereich gab, wo Zins gefordert werden konnte, eben bei den jüdischen Geldhändlern, war der Zins entsprechend hoch; die Juden wurden immer verhaßter und regelmäßig verfolgt. Ein ausgerotteter Jude konnte

100

schließlich auch keine rückständigen Zinsen mehr eintreiben.

Religionen können den Zins nicht dulden, weil er ihre Existenz infrage stellt. Zinsen werden bezahlt, weil man die Gegenwart für wichtiger erachtet als die Zukunft. Religionen aber sind gerade andersherum konstruiert: sie behaupten, daß das »Später« wichtiger und besser sei als das »Jetzt«. Deshalb predigen Religionen auch den Negativ-Zins: Verschenken von Hab und Gut, Aufgabe aller »irdischer« (also jetziger) Gelüste, die Unerheblichkeit des »Diesseits«.

Sobald eine Religion den Zins erlaubt, gibt sie sich auf. Sie erklärt das Hier und Heute für erstrebenswerter als das spätere »Jenseits«. Religionen, die noch eine starke Jenseitsvorstellung haben oder die Idee von einer besseren Welt, die auf uns alle wartet, wie zur Zeit der wieder erstarkende Mohammedanismus, können daher nichts anderes als den Zins verbieten.

Staaten können das nicht. Sie müssen einen Zins versprechen, jedenfalls solange, wie sie noch Geld von ihren Bürgern haben wollen.

Der Staat wuchert, weil er das Machtmonopol hat

Im alten deutschen Kaiserreich gab es einen prominenten Professor der Nationalökonomie mit Namen Adolph Heinrich Gotthilf Wagner. Professor Wagner entdeckte das »Gesetz der wachsenden Staatsausgaben«. Weil der Staat immer mehr Aufgabenbereiche an sich ziehe, wachse sein Anteil unaufhaltsam.

Professor Wagner wurde sehr schnell bestätigt. Kurz nachdem er seine Thesen publiziert hatte, verstaatlichte Preußen die Eisenbahnen, die bis dahin zumeist auf privates Risiko und mit privatem Kapital gefahren waren, und das Deutsche Reich führte die Sozialversicherung ein – ebenfalls in Form einer vom Staat eingesetzten Instanz. Die Eisenbahnen wurden verstaatlicht, damit die deutschen Armeen im befürchteten Zweifrontenkrieg schneller vom Westen in den Osten und umgekehrt transportiert werden konnten. Die Sozialversicherung sollte dem Industriearbeiter das Gefühl geben, es würde sich auch im Alter (später bei Krankheit und Unfall) jemand um ihn kümmern, was ihn mit dem autoritären Staat versöhnen sollte.

Beides, Eisenbahn und Altersversicherung, hätte genauso gut privat bleiben können. Die Bahnen wären dann eben im Kriegsfall unter Militär-Kommando gestellt worden, die Sozialversicherung wäre auch dann allen Arbeitern zugute gekommen, wenn man sie privaten Versicherungen übertragen hätte mit der Maßgabe, daß sich jeder Arbeiter darin zu versichern hätte – wie auch heute jeder Autofahrer sich versichern muß, aber durchaus bei privaten, nicht staatlichen Assekurateuren. Aber der Staat läßt wenig mit sich reden, zumal er davon überzeugt ist, es ohnehin immer besser machen zu können als die private Wirtschaft.

102

Dieses Gefühl der staatlichen »Überlegenheit« resultiert aus der Macht, die der Staat ausüben darf. Weil er jederzeit *alles* kann (sofern er dazu nur die gesetzliche Grundlage schafft, oder – im Fall der Diktatur – auf Geheiß des Staatschefs), liegt nahe anzunehmen, daß er es auch *besser* kann.

In dem Augenblick, wo bewiesen wäre, daß Beamte es eben nicht besser machen können als die freie Wirtschaft, daß Politiker eben immer die Zustände verschlechtern, die sie an sich verbessern wollten, müßte sich der Staat logischerweise auflösen. Denn sobald der Staat in *einem* Bereich schlechter ist als alternative private Lösungen, muß geschlossen werden, daß der Staat *immer und überall* schlechter ist, schlechter sein muß.

Denn: Entweder ist Staatsversagen das Versagen eines einzelnen Beamten oder Politikers, dann kann das schnell erkannt und abgestellt werden. Doch solche Fälle sind kaum jemals auszumachen. Und im Ernst kann auch niemand behaupten, daß ein x-beliebiger Ministerialrat schlechter sei als ein x-beliebiger Abteilungsleiter. Oder aber das Staatsversagen liegt im »System«, ist unmittelbarer Ausfluß des Staates selbst – dann muß der Staat, zumindest in seiner wirtschaftlichen Betätigung, sofort beseitigt werden: also keine staatlichen Eisenbahnen, Sozialversicherungen, Krankenkassen, Schulen, Universitäten, Wohn- und Kindergeldverteilung, und so weiter.

Die Verfassung gibt dem Staat das »Gewaltmonopol«. Nur er darf andere gegen ihren Willen zwingen. Die Grundlage der Verfassung ist die Vorstellung, *der Staat sei »besser« als die Menschen,* seine Entscheidungen würden die Zustände, die die Menschen sonst unter sich zulassen, verbessern. Würde man dem Staat nicht diese grund-gute Funktion zuerkennen, wäre die ganze Verfassung falsch und ein großes Betrugsmanöver, nur eingerichtet, um zu verhindern, daß die Menschen besser leben, was der Fall wäre, wenn es keinen Staat gäbe.

Die Gewalt, die der Staat anwenden darf, und die ihn definiert, ist also »legitim«, weil die Gewalt eingesetzt wird, um die Dinge zu »verbessern«. Dieses muß nun ein umfassendes Prinzip sein. Denn wenn es auch nur in einem Bereich strittig wäre, daß der Staat durch Gewaltanwendung etwas verbessert, wäre das ganze Prinzip verkehrt. Dem Staat ist daher auch die Gewalt über alles gegeben. Denn wenn es einen staatsfreien Bereich gäbe, würde jeder fragen: warum nur dieser Bereich, warum nicht mehr?

In der Existenz des Staates liegt also das Potential, sich um *alles* zu kümmern, was im Leben vorkommen *kann.* Es ist daher nur eine Frage der Zeit, daß sich der Staat dann auch allmählich um alles kümmert. Dies ist schon deshalb unausweichlich, weil der Staat immer mehr Beamte beschäftigt, die ihrerseits immer mehr Aufgaben erfüllen wollen (was für ihre Karriere förderlich ist), die dann zu immer größeren und tieferen Eingriffen in das Leben der Menschen führt.

Der Staat als Spiegel der wirklichen Welt

Der »moderne« Staat, wie das so schön heißt, ist in Wirklichkeit nichts anderes als ein Spiegelbild der wirklichen Welt. Für alles, was sich im Leben abspielt, gibt es in der Regierung irgendwo einen »zuständigen« Beamten. Zum Beispiel ist das Wirtschaftsministerium ein Spiegelbild der Wirtschaft, das Finanzministerium der Banken- und Sparkassenwelt, das Justizministerium der Rechtspflege, das Agrarministerium der Landwirtschaft, das Familienministerium der zwischenmenschlichen Beziehungen, das Gesundheitsministerium aller Ärzte und Krankheiten.

Es gibt im modernen Staat nichts, wofür nicht in einem Amtszimmer ein Referent lebt, der nur einen einzigen Lebenszweck hat, nämlich sich zu überlegen, ob die Dinge so, wie sie sich in der richtigen Welt abspielen auch in Ordnung gehen. Irgendetwas wird natürlich dem Beamten auffallen, etwas das seinem Sinn stört, etwas, wovon er glaubt, daß es noch besser ablaufen könne als es derzeit in Wirklichkeit abläuft.

Also setzt sich der Beamte hin und beginnt ein Gesetz oder eine Verordnung zu basteln, wie das Ganze – natürlich zum Positiven! – geändert werden könnte. Die Flut von entsprechenden staatlichen Papieren, die uns etwas vorschreiben, ist inzwischen so gigantisch geworden, daß sie nacheinander alle Stadien vom »Lachhaften« bis zum »Gespenstischen« hinter sich gelassen hat. Heute erscheinen in der westlichen Welt allein täglich etwa 50 000 Gesetze und Verordnungen, die, da der Westen wirtschaftlich und gesellschaftlich sehr eng verflochten ist, eigentlich jeder lesen müßte.

Der amerikanische Nobelpreisträger Milton Friedman hat einmal im Foyer der amerikanischen Kongreßbibliothek nacheinander die Gesetzbücher seit den 1930er Jahren aufgebaut. Der erste Jahrgang waren zwei schmale Bändchen, die auf dem Boden kaum auffielen. Die letzten Jahrgänge waren riesige Folianten, hinter denen der kleine Professor völlig verschwand.

Die Explosion der staatlichen Einmischung in das Leben innerhalb von nur zwei Generationen kann nur noch mit einigen Beispielen karikiert werden. Die zwölf Gebote kamen mit 276 Wörtern heraus. Eine Verordnung der EG zur Einfuhr geschälter und ungeschälter Haselnüsse aus der Türkei hat 3 578 Wörter.

Ein deutscher Steuerberater, der auf der Höhe seiner Zeit sein und die Mandanten einwandfrei beraten will, darf vor sich Steuergesetze und Durchführungsverordnungen und Kommentare usw. aufbauen, die insgesamt 18 000 Seiten zählen. Für normale Volksschulen gelten in den deutschen Bundesländern inzwischen über 5 000 einzelne Erlasse, die alle zu beachten sind.

Der Bundeshaushalt schließlich, das »Hauptbuch« der Nation, wo alles in Zahlen festgehalten ist, was in einem Jahr vom Staat (und wofür) ausgegeben werden darf, wird bei den Parlamentsberatungen immer aufgebaut. Als Manuskript, das nach der Verabschiedung durch den Bundestag in Druck geht. Als

Konrad Adenauer in den 1950er Jahren seine Haushaltspläne debattieren ließ, waren das 12 Aktenordner, die bequem auf zwei Stühlen Platz hatten. Inzwischen sind es 130 Aktenordner mit 60 Kilo Papier, die auf zwei ganzen Stuhlreihen hintereinander aufgeschichtet werden müssen.

Über Zwang, aus einem Beamten zwei zu machen

Der Staat hat die fatale Tendenz, sich selbst zu zerstören. Genickschußkommissare sind die Beamten. Über ihre autogene Selbstvermehrung hat der große englische Soziologe C. Northcote Parkinson viele Bücher geschrieben, die alle richtig sind. Die Beamtenvermehrungsthese ist, kurz gebracht, folgende (wobei ich mir erlaube, Parkinson etwas zu variieren):
Der Gegensatz zum Beamten ist der Mann der freien Wirtschaft. Egal, was er arbeitet, als Arbeiter oder als Unternehmer oder Angestellter. *Der Mann der freien Wirtschaft kann nur überleben, indem er etwas leistet oder produziert, wofür sich andere interessieren.* Er kann niemanden zwingen, ihm Geld zu geben. Der Mann der freien Wirtschaft muß also sich um den Kunden kümmern. Wendet sich der Kunde von ihm ab, verliert er seine Existenz.
Der Beamte hat keine Kunden. Was er treibt, wird zwar gern als »bürgernah« bezeichnet; es kann auch sein, daß sich die Kunden von hohen (politischen)

Beamten abwenden und die betreffende Partei nicht wiederwählen. Aber im Normalfall bleibt der Beamte an Ort und Stelle, ohne sich »am Markt« darum kümmern zu müssen, was er macht.

Nun möchten beide vorwärtskommen: der Mann der freien Wirtschaft und der Beamte. Beide sind – nehmen wir das ruhig an – nicht unterschiedlich tüchtig, der Beamte kann sogar viel intelligenter und fleißiger sein als der Mann der freien Wirtschaft, aber das spielt keine Rolle mehr. Der Mann der freien Wirtschaft kommt voran, indem er seinen Einsatz verbessert, zumindest also mit der gleichen Arbeit mehr erreicht. Sein Problem ist die Produktivität, anders geht es nicht. Sinnbild solcher zusätzlicher Leistung ist meist, wenn es sich um Unternehmer handelt, der »Ausbau« des Betriebes. Ein Handwerker mit 20 Mann gilt als tüchtiger denn ein Handwerker mit zwei Leuten.

Der Beamte kann keinen Produktivitätsfortschritt erzielen, zumal der gar nicht meßbar wäre, da der Beamte ja keinen Markt hat, auf dem sich der Fortschritt durchsetzen könnte. Der Beamte kann zwar seine Produktionsgeschwindigkeit erhöhen, indem er statt einer Verordnung pro Woche zwei entwirft. Aber letztlich bleibt er doch Gefangener seines Aufgabenbereiches, seiner klar definierten Position. Der Chef einer Universität kann nicht plötzlich den Handel mit Teppichen in den Hörsälen beginnen. Ein Teppichhändler kann aber in seinen Geschäftsräumen jederzeit eine Bar eröffnen.

Der Beamte, der nicht minder ehrgeizig sein muß als der Mann der freien Wirtschaft, kann nur vorwärts kommen, wenn er befördert wird. Und Beförderung heißt: mehr Beamte unter sich haben als bisher. Das Kennzeichen von Erfolg der freien Wirtschaft, nämlich der »Ausbau« des Betriebes durch mehr Personal, gilt auch im öffentlichen Dienst: je mehr Beamte ein Beamter unter sich hat, umso mehr Lebenserfolg kann er dokumentieren.

Dabei bleibt es natürlich nicht, daß es eine einmal festgelegte Beamten-Karriere gibt, die sich nach den einmal festgelegten Stellenplänen richtet. Der Aufstieg des Beamten wäre dann ja eine Funktion des Ausscheidens bzw. Sterbens anderer Beamter. Nur wenn eine Stelle alters- oder todeshalber frei wurde, kann ein anderer nachrücken. Dieses System der einmal festgeschriebenen Beamtenstellen wäre schon deshalb für die Beamten unzumutbar, weil bei Ausscheiden eines Höherrangigen immer mindestens zwei Unterrangige auf die Stelle einen Anspruch haben. Die Behörden sind in Kegelform aufgebaut, siehe Abbildung 5.

Nehmen wir an, der Ober-Beamte ist 60, die beiden Mittelbeamten sind 40, die beiden Gruppen von Unterbeamten sind 20 Jahre alt. Der Oberbeamte scheidet aus, es kann nur einer der beiden Mittel-Beamten berufen werden. Was für eine Entscheidung! Der eine wird 20 Jahre lang oben sein, der andere muß die nächsten 20 Jahre lang weiter als Untergeordneter dienen, es wird ihm sogar noch ein neuer junger Dachs gleichberechtigt an die Seite gegeben, weil einer der Unter-Beamten aufrücken muß, um die freie Stelle des Mittelbeamten zu besetzen. Für den einen Mittel-Beamten also der absolute

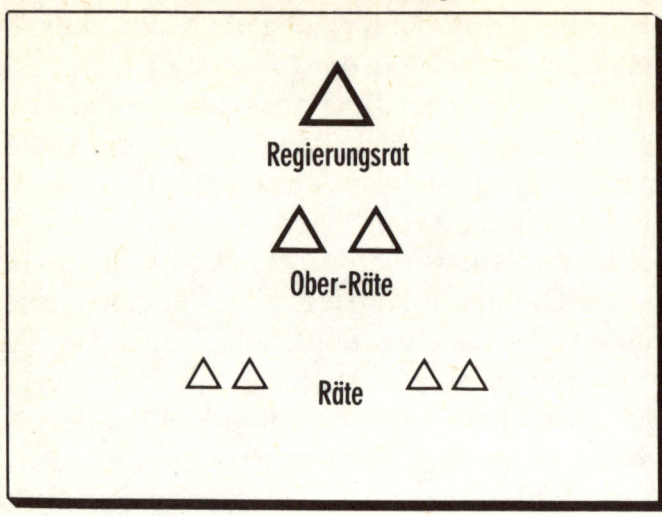

Abb. 5: Der einfache Staatskegel

Triumph, für den anderen das sichere Ende der Karriere, die Aussicht auf 20 Jahre schwerster Frustration. (Niemand kann behaupten, dann würde sich der Mittelbeamte eben an eine andere Behörde versetzen lassen; das beseitigt ja das Grundproblem nicht, das zwangsläufig entsteht, wenn die Zahl der Behörden und Beamten nicht erhöht wird).

Eine Behörde kann unter einem solchen Entweder-Oder-Streß unmöglich existieren, der Staat als Sammlung von Behörden genausowenig. Würde die Zahl der staatlichen Stellen gleich gehalten, *müßte der Staat schon aufgrund des unlösbaren Personalproblems scheitern.* Es wäre völlig unmöglich genügend loyale Beamte zu finden, um den Staat und seine Behörden überhaupt noch zu bemannen.

110

Der Staat kann also nur existieren, indem er ständig die Zahl seiner Beamtenstellen vermehrt. Aus einem Kegel entstehen so immer neue Kegel:

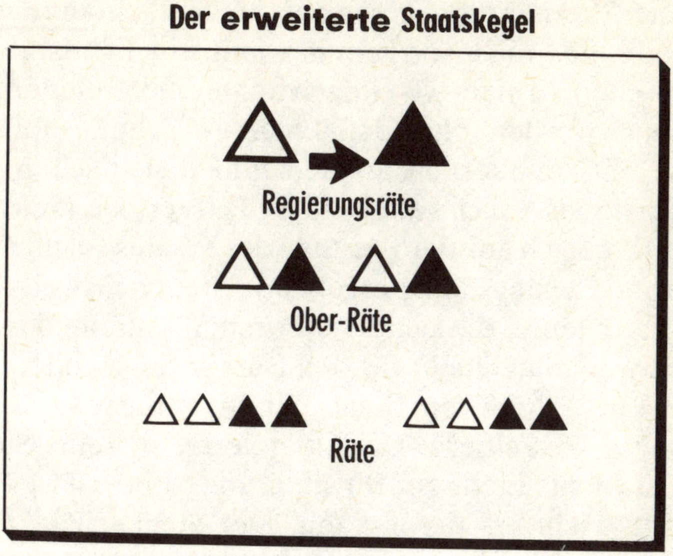

Der erweiterte Staatskegel

Abb. 6: Der erweiterte Staatskegel

Dies ist das Geheimnis der unendlich fortschreitenden Beamten-Vermehrung in allen Staaten der Welt. Weil bei einem vorgegebenen und nicht vermehrbaren Stellenkegel zu wenig Beamte Karriere machen könnten, müssen Karrieren (»Lebenserfolg«) simuliert werden, indem die Stellenkegel verbreitert werden. *Die Beamten vermehren sich also zwangsläufig selbst.* Diese Vermehrung geschieht ohne jede Außenkontrolle, wie etwa eine Stellenvermehrung in einem Handwerksbetrieb, die nur möglich ist, wenn der Markt, wenn die Kunden des

Handwerkers das erlauben. Dem Staat hat niemand etwas zu erlauben; er vermehrt seine Stellen aus sich heraus. Er muß sie immer weiter vermehren, weil ihm sonst die innere Struktur zusammenbricht.

Diese Vermehrung geschieht in den »modernen« Staaten nun nicht so zynisch, wie in einer südamerikanischen Armee, wo einfach immer mehr Generäle ernannt werden, ohne daß jemals ein Schuß gefallen wäre. Die modernen Staaten fühlen sich schon irgendwie als »Sachwalter« ihrer Bürger, sie kleiden also ihre, sich aus der Existenz des Staates (nicht der Bürger!) zwangsläufig ergebende Stellenausweitung in Argumente, die sich so anhören, als müßte das so sein, weil man »mehr für den Bürger tun« wolle.

Die Vorstellung vom Staat, der etwas für seine Bürger »tut«, ist albern. Der Staat vermehrt seine Stellen nicht aus Liebe zur Bevölkerung, sondern weil er anders nicht existieren kann. Der Staat schafft mit seinen zusätzlichen Beamten auch nicht etwa neue »Ansprechpunkte« für den Bürger, so nach dem Modell: Mehr Beamte, au fein, da können sich immer mehr Bürger immer schneller etwas Gutes antun lassen. Die Beamten sind zunächst für sich selber da und mit sich selbst beschäftigt.

Damit das Stellenkegel-System richtig funktioniert, muß Aktivismus stattfinden. Aktivismus des Staates aber kann nur heißen: Eingreifen, Intervenieren, etwas ändern, die Bürger zwingen, etwas anders zu machen als bisher.

So schließt sich denn der Kreis: der Beamte muß sich beschäftigen, je mehr er sich beschäftigt, um so schneller kann er Karriere machen, um so schneller beginnt sich der Stellenkegel zu verbreitern, um so mehr neue Beamte gibt es, die sich wiederum beschäftigen müssen, und so weiter.

Der wuchernde Staatsanteil

Das Ganze wäre wirklich ein Jux, wenn es irgendwo auf einem fernen Stern abliefe. Aber leider: es läuft bei uns, gegen uns. Denn jede »Beschäftigung« eines Beamten kann definitionsgemäß nur in der Ausweitung der öffentlichen Verwaltung, in neuen Gesetzen und Verordnungen bestehen. Da die Beamten überdies immer größere Summen an die Hand zu bekommen versuchen, ganz wie der Mann der freien Wirtschaft auch (wobei der Beamte obendrein aber noch unter dem Haushaltsreste-Zwang steht, den wir oben schon kennengelernt haben), *muß der »öffentliche Sektor« in einer Volkswirtschaft immer größer werden.* Der gute alte Professor Wagner hat völlig recht behalten.

Der vergrößerte öffentliche Sektor ist ziemlich gut auch quantitativ zu messen. Man nennt ihn »Anteil des Staates am Sozialprodukt«. Sozialprodukt ist dabei alles, was in einem Jahr erarbeitet oder geleistet wurde. Staatsanteil ist das, was der Staat davon an sich gezogen hat, um es in seiner Arbeit wieder auszugeben. Diesen Staatsanteil darf man nicht etwa nur von der Einnahmenseite her sehen, also was der Staat an Steuern kassiert und an Beiträgen zur staatlichen Altersversicherung oder ähnliches.

113

Staatsanteil muß immer von den *Ausgaben* her berechnet sein, denn das stellt dann auch die tatsächlichen Einflußphäre des Staates dar, das, was er uns letztlich aufbürdet, denn auch die Staatsschulden sind bekanntlich nur vorweg verausgabte Steuern, die wir eines Tages doch bezahlen müssen.

Dieser Staatsanteil am Sozialprodukt ist in allen Staaten seit dem Zweiten Weltkrieg geradezu rasant angestiegen. Das Wort »rasant« ist deshalb angebracht, weil sich der Staatsanteil in den meisten Staaten verdoppelt, in einigen sogar verdreifacht hat.

Wenn sich der Umsatz einer Firma in 30 Jahren verdreifacht, dann ist das nicht unbedingt ein Erfolg, eher ein Zeichen von schleppendem Geschäftsgang. Wenn sich aber der Umsatzanteil einer Firma am gesamten Markt innerhalb des gleichen Zeitraums verdreifacht, dann ist dies ein überragendes Ergebnis. Denn der Markt hat insgesamt immer nur 100 Prozent. Und so sind denn die Anteile der einzelnen Staaten am Sozialprodukt ihrer Bürger in den letzten Jahren angestiegen:

Land	Anteil 1950 %	Staatsanteil heute %
Australien	29 (1960)	43
Belgien	32 (1954)	56
Dänemark	22	65
Deutschland	39	53
Frankreich	37	59
Großbritannien	39	57

Land	Anteil 1950 %	Staatsanteil heute %
Italien	29	55
Japan	18 (1952)	31
Kanada	28	57
Luxemburg	30 (1953)	53
Niederlande	33	67
Norwegen	30 (1951)	67
Österreich	30	55
Schweden	38 (1960)	68
Schweiz	22	31
USA	27	42

Diese Angaben wurden vom amerikanischen Wirtschaftsprofessor G. Warren Nutter zum ersten Mal in seinem Buch »Growth of Government in the West« zusammengetragen; die letzten Staatsanteilszahlen habe ich aktualisiert.

Das Ergebnis ist beeindruckend: Der Staat robbt sich immer weiter vor in Richtung auf die 100-Prozent-Marke. Diese würde bedeuten, daß jede Mark nur noch auf staatliches Geheiß, bzw. durch staatliche Gnaden ausgegeben werden darf. Dabei müßte der Staat nicht alle Produktionsmittel »sozialisiert« haben. Es genügt, wenn er alle Gewinne und alle Einkommen zu 100 Prozent besteuert. Die Firmen müßten das Geld erst in einem allgemeinen Investitionstopf abführen, aus dem sie es dann anschließend wieder zugeteilt erhalten. Die einzelnen Bürger müßten ihre Einkünfte voll an den Staat abgeben

und würden dann entsprechend des gerade geltenden Zuteilungsschlüssels Geld für Essen, für Reisen,
für Wohnen usw. wieder zugeteilt bekommen. Wir
kennen längst öffentliche Essensgeldzuschüsse, Kindergeld, BAFöG, Wohngeld – und wissen uns also
längst auf dem Weg zum Voll-Staat.
Die Staatsanteile sind nicht nur regelmäßig jedes
Jahr gestiegen, sondern zum Schluß immer schneller. Woran liegt das?
Zum einen haben wir jedes Jahr steigende Staatsausgaben, obwohl die Wirtschaften immer weniger
Wachstumsraten aufweisen. Wenn das Sozialprodukt also nur um ein Prozent, zunimmt, der Staatshaushalt aber um 4 Prozent, muß sich automatisch
jedes Jahr der Staatsanteil erhöhen. Nehmen wir an,
der Staatsanteil liegt bei 50 Prozent, das Sozialprodukt beträgt eine Milliarde Mark. Die Hälfte, also
500 Millionen, gibt der Staat aus. Das Sozialprodukt
steigt jetzt um ein Prozent = 10 Millionen Mark. Die
Staatsausgaben steigen um 4 Prozent = 20 Millionen
Mark. Einem Sozialprodukt von 1 010 000 000
Mark steht jetzt ein Staatsausgaben-Volumen von
520 000 000 Mark gegenüber. Der Staatsanteil ist
von 50 auf 51,5 Prozent gestiegen.
Vor allem die Rezession zu Beginn der 80er Jahre hat
den Staatsanteil in allen Staaten stark erhöht, es gab
nur wenige Ausnahmen in Staaten, die einen Kurs
weg von »Zuviel Staat« versuchten (England, USA)
oder wo die Bevölkerung die Staatsschuldenwirtschaft nicht mitträgt (Schweiz) oder wo es noch hohe
Wachstumsraten gibt (Japan), die der Staat noch
nicht herunterziehen konnte.

116

Staatsanteil = Neid plus Sicherheit

Das von Professor Nutter beeindruckend erwiesene Gesetz des wachsenden Staatsanteils ist nicht nur das Resultat des Staates sozusagen aus sich heraus, also das Resultat des Beamten-Multiplikators.

Der steigende Anteil des Staates an allen Geschäften der Bürger ist vor allem auch ein genuines Resultat der Institution, die wir so schön »*Sozialstaat*« nennen.

»Sozialstaat«, das sind im Grund zwei: ein Sozialstaat, der kassiert, und ein Sozialstaat, der ausgibt. Beide Male muß es »sozial« zugehen, das heißt: es darf auf keinen Fall jeder Mensch gleich behandelt werden. Es sind vielmehr die einen zu belohnen, die anderen zu bestrafen.

Wen der Sozialstaat belohnt und wen er bestraft, ist – da es andere Unterscheidungsmerkmale nicht gibt – ganz leicht auszumachen: belohnt wird, wer wenig hat oder wenig verdient, bestraft wird, wer viel hat oder viel verdient.

Die Idee, die dahinter steht, ist simpel und seit Jahrhunderten erprobt: da alle Menschen gleich sind, müssen sie auch von allen Menschen gleich behandelt werden. Gleichbehandlung bedeutet wirtschaftlich: gleiche Anteile an der Arbeit anderer Menschen erhalten, sprich: gleiches Einkommen. Gleiche Einkommen setzten eigentlich gleiche Sympathie voraus.

Wer fordert, die Menschen sollten gleich behandelt werden, indem sie gleich viel verdienen, verlangt in

Wirklichkeit, *daß sich alle Menschen gleichermaßen mögen.*

Nehmen wir einen Markt, morgens um 8 Uhr, die Hausfrauen kaufen ein. Wer Gleichheit fordert, muß nun verlangen, daß alle Hausfrauen gleich viel Geld auf alle Stände verteilen – egal, wer billiger ist oder wer das frischere Gemüse anbietet. Auch wenn die Hausfrauen an diesem Tag keine Gurken kaufen wollen, müssen sie doch zu dem Gurkenmann gehen und ihm genauso viel da lassen, wie dem Eiermann oder der Apfelsinenverkäuferin. Damit werden natürlich die Hausfrauen bestraft; sie werden nicht nur gezwungen, etwas zu tun (und später zu kochen), was sie gar nicht möchten. Sie werden auch dafür bestraft, daß sie etwas anderes vorhatten als die Marktleitung (der Staat) ihnen dann aufgezwungen hat. Strafe ist immer etwas, das einem aufgezwungen wird.

Wie auf dem Wochenmarkt, geht es dann in der ganzen Volkswirtschaft zu: wer sich nicht so verhält, wie es die oberste Leitung vorschreibt (der Staat), wird bestraft: ihm werden Einkommens- und Vermögensteile abgenommen. Und zwar desto mehr Einkommen und Vermögen, je weiter sich der einzelne vom vorgeschriebenen Pfad entfernt.

Das ist der Sinn, der hinter den »progressiven« Steuern liegt, die heute für jeden »Sozialstaat« selbstverständlich sind: Wer mehr verdient als der andere, muß nicht nur absolut höhere Steuern zahlen, sondern auch relativ höhere.

Nehmen wir an, alle verdienen im Durchschnitt 1 000 Mark im Monat. Davon zahlen sie zunächst 20

Prozent Steuern. Macht 200 Mark. Einige arbeiten nun mehr (oder anders) und verdienen 2 000 Mark. Dann müssen sie nicht etwa auch nur 20 Prozent Steuern bezahlen, sondern 30 Prozent, also statt 400 Mark auf einmal 600 Mark. Wenn sich jemand darüber beschwert, wird er darauf hingewiesen, daß ihm »netto«, also selbst nach Abzug der prozentual höheren Steuersätze immer noch mehr Einkünfte bleiben als dem Durchschnitt. Damit solle er sich gefälligst zufrieden geben.

Den Leuten, die mehr verdienen als der Durchschnitt fällt dazu auch nur wenig ein. Sie zahlen die steigenden Steuersätze zwar widerwillig und sie klagen auch immer wieder über den »zunehmenden Steuerdruck« und daß man »bei so hohen Steuersätzen die Lust am Arbeiten verlieren« könne. Als die schwedische Schriftstellerin Astrid Lindgren (»Pipi Langstrumpf«) einmal einen Steuerbescheid erhielt, wonach ihr in einem Jahr sogar mehr an Steuern abgezogen wurde, als sie in diesem Jahr überhaupt verdiente (ihr Vermögen wurde auch noch besteuert, was nur aus laufendem Einkommen bezahlt werden kann), da schrieb sie ein »modernes Märchen« von der bösen Hexe »Pomperipossa«, womit sie den Staat meinte, der diese extremen Steuersätze erhob. Doch mehr tun die »Besserverdiener« nicht. Sie haben alle Angst vor der direkten Konfrontation – mit den weniger Tüchtigen. Der Besserverdiener müßte nämlich sagen: Ich kriege viel mehr, weil mich alle anderen mehr mögen als Euch. Und das tun sie, weil ich besser bin als ihr. Dies ließe sich auch so leicht niemand gefallen. Man stelle sich vor, der Fabrik-

Direktor läßt sein Fenster bei Schichtwechsel herunter, während ihn der Chauffeur im Mercedes-Benz 500 über den Hof kutschiert und lacht die Arbeiter aus: »Weil ihr nur Arbeiter seid und nichts im Kopf habt, verdient ihr nur so wenig. Ich aber bin viel intelligenter als ihr und deshalb mache ich eine Million Mark im Jahr.« Obwohl dies haargenau den Grund für die Einkommensunterschiede angibt, würden sich das die Arbeiter nicht bieten lassen, sondern den Wagen umstürzen und anzünden.

Der progressive Steuer-Tarif entpflichtet die Besserverdiener davon, sich rechtfertigen zu müssen; man kann dann immer sagen: Aber dafür zahle ich auch viel höhere Steuern. Der progressive Steuertarif kommt auch den Wünschen der Bevölkerung nach Bestrafung der »Reichen« optimal entgegen. Der Neid ist eine alte menschliche Eigenschaft, der progressive Steuertarif ist sein legitimes Kind.

Wir müssen auch nicht die gesellschaftlichen Grundlagen der Einkommensverteilung oder des Steuer-Systems allzu intensiv diskutieren; es genügt, festzuhalten, daß es überall in den modernen Sozialstaaten auf der Einnahmenseite eine spezielle Form der Strafe für die Reichen und die Besserverdiener gibt: den progressiven Steuer-Satz.

Der progressive Steuersatz

Dieser Steuer-Satz hat aber noch eine ganz andere Folge als nur die, für relative Ruhe innerhalb der Bevölkerung zu sorgen. Die Steuer-Kurve verläuft im

Ideal-Fall (also für einen typischen Sozialstaat) so, wie Abbildung 7 zeigt.

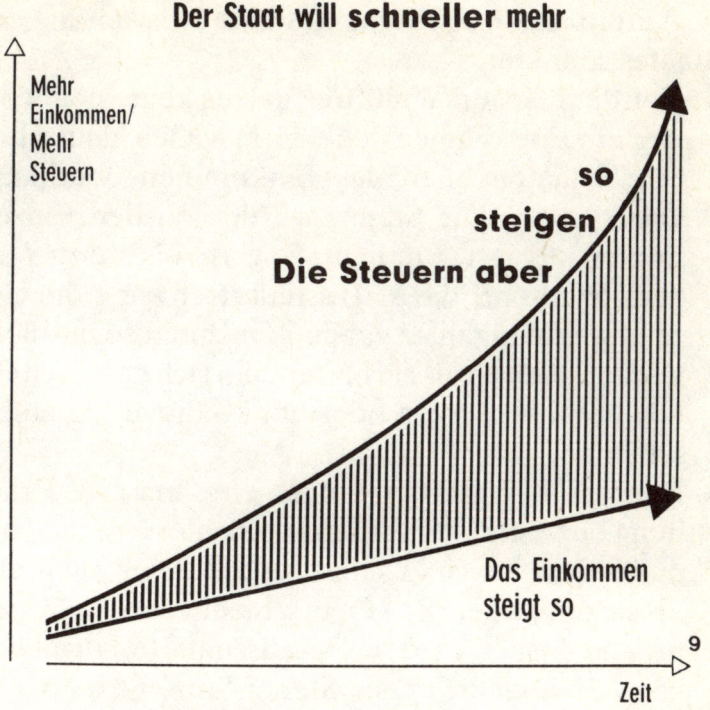

Abb. 7: Der Staat will schneller mehr

Je höher das Einkommen, desto höher der Steuer-Satz, in Prozenten ausgedrückt. Wer mehr verdient, muß höhere Steuern zahlen, aber nicht nur einmal, in einem Jahr, *sondern immer, in allen kommenden Jahren.* Obwohl die progressive Steuer nur einmal aus Neid- und Straf-Gründen gegen die Reichen eingeführt wurde, gilt sie ab dann für alle Zeiten. Und da sich im Laufe der Zeit die Einkünfte auch der einfachsten und dümmsten Arbeiter mehr und mehr heben, kommen immer mehr Menschen unter diesen Druck der progressiven Einkommensteuer.

Die Entwicklung in Deutschland belegt diese weitere Automatik in Richtung auf eine Ausweitung des Staates sehr klar:

- Vor dem Ersten Weltkrieg gab es keine nennenswerten Einkommensteuern, in vielen deutschen Einzelstaaten blieb das Einkommen überhaupt unbesteuert. Die Steuer wurde von den Einzelstaaten kassiert (Preußen, Bayern, bis hin zu Waldeck-Pyrmont, das z. B. steuerfrei war); die einzelnen Steuerzahler gaben manchmal sogar mehr Einkommen an als sie hatten, um sich gesellschaftlich herauszuputzen oder um kreditwürdig zu erscheinen.

- Nach dem Weltkrieg wurde eine massive Erhöhung der Einkommensteuer beschlossen, die nunmehr dem Reich zustand, und die vor allem die »Reichen« oder die »Oberschicht« bestrafen sollte, die bisher in der Gesellschaft tonangebend war. Obwohl die neuen Steuer-Sätze weit über 50 Prozent hinausgingen, blieb die Einkommensteuer als solche noch bis zum Zweiten Weltkrieg ein Problem, mit dem sich nur ein winziger Prozentsatz der Bevölkerung herumzuschlagen hatte. Der normale Fabrikarbeiter blieb unbesteuert.

- Nach dem Zweiten Weltkrieg wurde der Steuersatz zunächst von den Siegermächten noch einmal verschärft, dann wieder etwas gesenkt, aber es blieb bei einer Progression, die schließlich bei knapp unter 60 Prozent halt machte. Bis in die 50er Jahre hinein war dies für den Arbeiter eben-

falls kein Thema, da er nur minimal Lohnsteuern abzuführen hatte.
- Der Steuersatz blieb unverändert, während die Einkommen immer weiter stiegen. In den 60er Jahren gab es niemand mehr, der noch steuerfrei blieb und in den 70er Jahren kamen auf einmal auch die einfachen Arbeiter in die Progression, die zunächst nur den »Reichen« als besondere Strafe vorbehalten war.
- Anfang der 80er Jahre hatte sich dann das System auch in diesem Punkte selbst eingeholt: Weil die

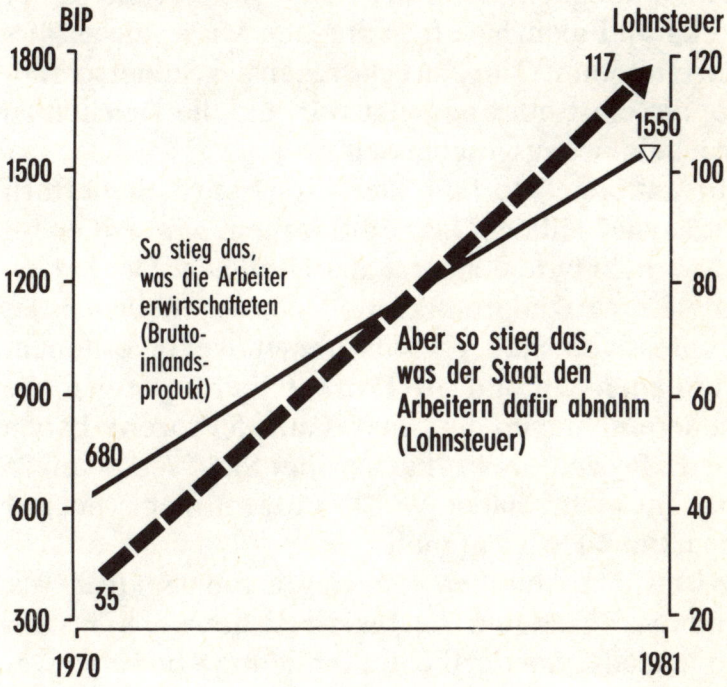

Der Igel hat den Hasen geschafft (I)

Abb. 8: So wirkt der progressive Steuersatz

Einnahmen des Staates aus der Lohnsteuer plötzlich explodiert waren – die einfachen Arbeiter fanden sich in der einst den Reichen zugedachten Progressionsstufe wieder – hatte der Staat plötzlich überreichliche Zusatz-Einnahmen.

Es gab zwar vereinzelt Versuche, den Steuer-Tarif wieder zu senken, also die überproportionale Steuerbelastung zu mindern. Doch solche »Steuer-Reformen« änderten nichts. Der Einkommensteuer-Tarif, dem nunmehr alle Deutschen (genauso wie alle anderen Bürger eines »Sozialstaates«) unterliegen nimmt immer mehr weg, je mehr die Bürger verdienen. Ein Ausstieg aus diesem Teufelskreis ist ganz unmöglich, denn der Staat ist aufgrund seiner prekären Finanzlage froh um jede Mark, die zusätzlich einkommt. Ein Zurückdrehen der Steuerschraube, die einst nur angesetzt war, um die Reichen zu zwiebeln, ist ausgeschlossen.

Mit anderen Worten: Der progressive Steuertarif wird ewig bleiben. Das heißt: je mehr wir verdienen, desto mehr wird der Staat an sich ziehen. Der Staatsanteil am Sozialprodukt muß sich schon wegen des progressiven Steuer-Tarifs immer weiter erhöhen. Verdienen wir um 10 Prozent mehr, steigen die Steuereinnahmen des Staates um 15 Prozent, haben wir 15 Prozent mehr, kassiert der Staat schon um 25 Prozent mehr, haben wir 25 Prozent mehr, hat der Staat um 40 Prozent mehr.

Es ist wie im Märchen vom Hasen und dem Igel. Wir sind die Hasen und der Igel Staat hetzt uns, bis das System auseinanderfliegt. Abbildung 8 beweist: Der Hase war fleißig und hat sein Produkt von 680 auf

1550 Milliarden Mark gesteigert. Aber der Igel war pfiffiger und nahm ihm erst 35, dann 117 Milliarden dafür ab. Das Produkt stieg um 127 Prozent. Die Strafe fürs Produzieren, die Lohnsteuer, aber erhöhte sich um 234 Prozent.

Die progressive Sicherheit

Daß unser System auseinanderfliegt, das heißt im Staatsbankrott untergeht, hat einen weiteren Grund in der Ausgabenseite des Sozialstaates. Gutes tun ist nicht auf die Einnahmenseite mit ihren Steuerstrafen beschränkt. Gutes tun – das passiert vor allem auf der Ausgabenseite, und da gerät der Staats-»Haushalt« vollends aus den Fugen.
Daß der Staat eine innere Automatik zu immer größeren Ausgaben hat, haben wir oben schon gesehen. Auch daß diese zusätzlichen Ausgaben eine immer schneller steigende Verschuldung mit sich bringen, ist nicht zu bestreiten; numerische Details finden Sie weiter unten bzw. in den Länder-Berichten.
Aber es ist nicht der Staat allein, der hier handelt. Also Beamte, die nicht wirtschaften können, Politiker, die immer größere Versprechungen von immer schöneren Welten machen, für die immer später erst bezahlt werden muß.
Es sind vor allem die Menschen, die wollen, daß der Staat so handelt.
Die Menschen suchen nämlich immer nur eines im

Leben: Sicherheit. *Sie wollen existentiell geborgen sein.* Wenn morgen ein Politiker aufstünde und ernsthaft und unbestreitbar »sicheres Einkommen, sichere Arbeitsplätze (= sicheres Einkommen morgen) und sichere Renten (= sicheres Einkommen auch übermorgen)« für alle garantieren würde – es wäre der schönste Tag im Leben eines Volkes.

Siegreiche Feldherrren sind immer so populär gewesen, weil der Sieg über ein anderes Volk – ökonomisch betrachtet – nichts anderes war als zusätzliche Sicherheit: es war jemand da, der notfalls mit Gewalt gezwungen werden konnte, für einen zu arbeiten, einem also die Existenzprobleme abzunehmen. Deshalb wurden Kriege auch immer buchhalterisch abgerechnet: Da wurde Land abgetreten (= zusätzliches Einkommen, ohne vorher dafür arbeiten zu müssen); es gab Zwangsarbeiter (billige Arbeitskräfte), es wurden Reparationszahlungen vereinbart.

So etwas hätte man nun gerne auch im Frieden: *daß man am Leben bleiben kann, ohne sich ständig unter den Druck des kapitalistischen Systems begeben zu müssen,* mit seinen Liquiditätsnöten, seinen Existenzrisiken, seinen Bankrotten. Was die Unternehmer wollen, nämlich ihren Betrieb möglichst schnell in eine sichere Rente zu verwandeln, das wollen alle anderen Menschen genauso: aus der Existenz (ein Unternehmen haben sie ja leider nicht) eine Rente machen.

Dieses ist ein Vorgang, den es im Markt leider nicht gibt. Niemand kann im täglichen Leben hergehen und sagen: Weil es mich gibt, habe ich einen Anspruch darauf, daß es mich auch morgen und übermorgen geben wird. Dies aber wäre die Sicherheit, die die Menschen so sehnlichst suchen.

Und der Staat gibt sie ihnen.

Er behauptet es jedenfalls, indem er das ausbreitet, was den denkbar passenden Namen gefunden hat: das »soziale Netz«. Weil die Bürger in Angst um die Zukunft leben, weil sie nicht wissen, ob sie morgen von anderen Menschen noch benötigt werden, also noch Geld verdienen, *hat sich der Staat bereit erklärt, diese Angst zu nehmen.* Dies war eine Jahrhundert-Entdeckung.

Staat und Sicherheit gehörten schon seit alters zusammen, aber in einem ganz *anderen* Sinne: der Staat sollte für die Sicherheit nach außen und nach innen sorgen. Also ein Heer unterhalten, damit keine Feinde das Land überfallen und eine Polizei einsetzen, damit Gut und Leben der Bürger unantastbar bleiben. Diese Aufgabe, für Sicherheit zu sorgen, wurde auf einmal umfunktioniert: der Staat sollte nicht mehr den Bürger gegen fremde Bürger (Soldaten) oder gegen Minderheiten der eigenen Bürger (Verbrecher) schützen – sondern den Bürger gegen den Bürger selbst.

Die Existenz eines Bürgers ist nur bedroht, wenn ihn andere Bürger nicht mehr »mögen«, seine Waren nicht mehr kaufen, seine Arbeitskraft nicht mehr benötigen. Da jeder Bürger in seiner Existenz automatisch von anderen Bürgern abhängt, denn jeder ist zugleich Käufer und Verkäufer, ist die Sicherung der Existenz, wie sie die Politiker des modernen Sozialstaates versprochen haben, ein Unding. Das kann nicht funktionieren.

Der Arbeiter bekommt Arbeitslosengeld, wenn er arbeitslos wird, zumindest Sozialhilfe. Da der moderne Sozialstaat die Existenzvernichtung aus seinen Grenzen verbannt zu haben glaubt, muß die Sozialhilfe mindestens so hoch sein, daß die Menschen überleben können. Die Sozialhilfe (und andere Leistungen des sozialen Netzes) aber wird von Menschen bezahlt, die noch arbeiten müssen, um überleben zu können.

Der Unternehmer erhält Subventionen oder Bürgschaften, solange sein Unternehmen irgendwie noch zu retten ist. Selbst wenn alles kracht, gibt es auch für ihn noch die Sozialhilfe.

Die ganze Gesellschaft ist mit einem Geflecht von Hilfen überzogen, die gezahlt werden, wenn jemand versagt oder nicht mehr gewollt wird, und eigentlich untergehen müßte (oder etwas anderes macht, was die Menschen wirklich von ihm wollen, z. B. nicht für 15 Mark die Stunde arbeiten, sondern nur für 10 Mark). Dieses Geflecht wird natürlich immer dichter, nicht nur weil die Politiker immer mehr »Sicherheit« versprochen haben, sondern weil das Geflecht immer mehr ausgenutzt wird. Sozialarbeiter der Fachhochschule Frankfurt, Gruppe TUWAS, haben sogar einen »Leitfaden der Sozialhilfe« ausgegeben, in dem immer wieder betont wird: »Treten Sie fordernd auf und berufen Sie sich auf Ihren gesetzlichen Anspruch…«

Jeder wäre in der Tat verrückt, wenn er nicht fordernd aufträte, denn Sozialhilfe ist, wie es so schön heißt, ein »Rechtsanspruch«, ist »einklagbar«. So werden die Rechte immer mehr ausgenutzt, diese

Rechte auf Sicherheit, und die Politiker überlegen sich, wie sie immer mehr Rechte dieser Art schaffen können. Dabei steigen die sogenannten »Sozialausgaben« erheblich schneller als das Sozialprodukt. Wieder hat der Igel den Hasen geschafft, wie Abbildung 9 beweist. Die Sozialleistungen wuchsen von 1971 bis 1981 um 153 Produzent (Zahlen für frühere Jahre liegen nicht vor). Das Bruttoinlandsprodukt nahm aber nur um 105 Prozent zu.

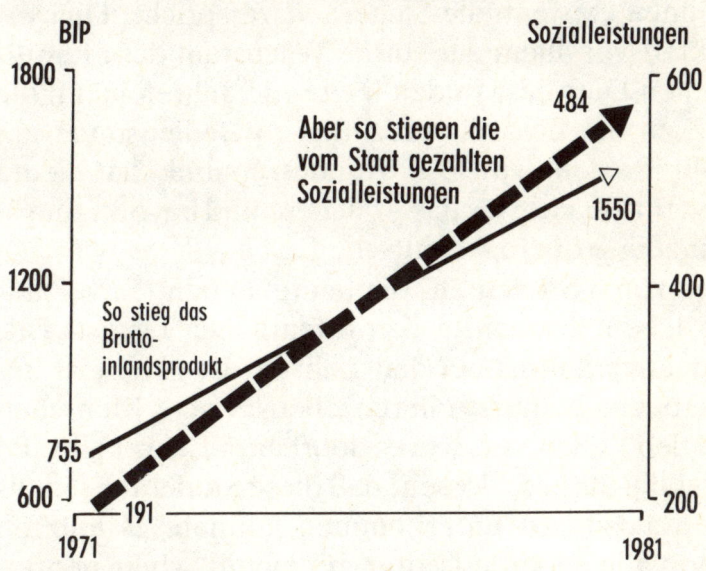

Der Igel hat den Hasen geschafft (II)

Aber so stiegen die vom Staat gezahlten Sozialleistungen

So stieg das Bruttoinlandsprodukt

Abb. 9: So wirkt die progressive Sicherheit

Dieses Buch behandelt nicht die Sozialpolitik und ihre Berechtigung. Hier geht es um den Staatsbankrott, der sich durch ein dauerndes und nicht mehr einholbares Überschießen der Ausgaben über die

129

Einnahmen des Staates ergibt, wobei allerdings die Sozialausgaben einen Großteil eben der Staatsausgaben ausmachen mit der unheimlichen Tendenz immer weiter und immer schneller zu wachsen. Sobald der Staat das Produkt »Sicherheit« im Sinne von dauernder Existenzvorsorge in sein Angebot nimmt, kann es kein Halten mehr geben:

- Da die Menschen nichts mehr hassen als die dauernde Unsicherheit, unter der sie im kapitalistischen System leben müssen, ergreifen sie natürlich bereitwilligst jedes Angebot des Staates, das ihnen existentielle Sicherheit verspricht. Dies erklärt vor allem das starke Wachstum des öffentlichen Dienstes. In den letzten 15 Jahren nahm die Zahl der öffentlich-rechtlichen Bediensteten um 40 Prozent zu. Die Bundesrepublik hat heute mehr Beamte als das – flächen- und bevölkerungsmäßig größere – Deutsche Reich.

Vier von 5 Studenten, die heute an den Universitäten leben, streben in den öffentlichen Dienst. Das Zahlenverhältnis bei den Lehrern ist geradezu unglaublich: heute studieren ebenso viele Menschen auf den Lehrberuf, wie es überhaupt Lehrer gibt. Es ist völlig ausgeschlossen, daß diese Studenten jemals im Staatsdienst unterkommen können, es müßten schon alle anderen Lehrer mit einem Schlag pensioniert werden oder im Urlaub tödlich verunglücken. Dennoch ist der sichere Staatsdienst so attraktiv, daß man selbst die kleinste Chance nutzen will, um ein für allemal dem Existenzdruck zu entkommen.

- Je mehr das Angebot des Staates steht, für die Menschen zu sorgen, die keinen Beitrag zum Sozialprodukt leisten, umso mehr Menschen werden dieses Angebot natürlich ausnutzen. Es gibt massenhaft Anekdoten allein aus dem Arbeitslosen-Sektor, wo eine stellvertretend genügen mag: Ein Konkursverwalter im Fränkischen sucht Arbeiter, um einen Betrieb weiterzuführen und noch etwas von der Substanz zu retten. Er bietet elf Mark die Stunde. Antwort: »Für drei Mark arbeiten wir nicht.« Drei Mark ist nämlich die Differenz zwischen dem Geld, das der Konkursverwalter zahlt, zu dem Geld, das vom Arbeitsamt kommt.

● Je mehr Sicherheiten schon geboten werden, umso größere und neuere Sicherheiten werden erdacht. Politik bleibt niemals stehen. Seit die Politiker erkannt haben, daß die Menschen am stärksten auf den Sicherheits-Aspekt ansprechen, machen sie daraus ihr Geschäft. Da werden Babyjahre angeboten, Mutterschaftsprämien, Versicherungen gegen Pflegefälle; schon das Wort »Arbeitsplätze« fehlt in keiner Sonntagsrede, ohne daß es nicht vom Zusatz »sichere« gekrönt wäre. Alles, was Politiker so treiben, dient dieser »Sicherung der Arbeitsplätze«, ob eine neue Autobahn eingeweiht wird (verbessert die Absatzchancen der anliegenden Betriebe), ob Entwicklungshilfe gezahlt wird (das Geld wird zum Kauf deutscher Maschinen ausgegeben), ob ein Hafenbekken vollläuft (mehr Handel mit Übersee).

Das Resultat aus diesem stetigen Strom an mehr Sicherheit, die der Staat bietet (öffentlicher Dienst) oder verspricht (sichere Renten) ist ein sich ebenfalls schnell ausdehnender öffentlicher Sektor. Auch die

Ausgaben-Seite des Sozialdienstes des Sozialstaates führt zu einem rapide sich ausweitenden Staatsanteil am Sozialprodukt.

Staatsanteil, Wirtschaftswachstum, Bankrottbeschleunigung

Ob Einnahmen, ob Ausgaben: Der Staat wuchert und wuchert. Sein Anteil am Sozialprodukt wird immer größer. Der Anteil des privaten Sektors wird immer kleiner.

Diese Entwicklung wird häufig genug bejammert und immer wieder rührend bekämpft. Da ist die Rede von »Staatsallmacht« und »Entbürokratisierung«. Aber alles noch so laute Klagen über den großen Moloch und alle noch so tapferen Versuche, ihm irgendwo Paroli zu bieten, sind umsonst. Denn die Staatsausgaben werden immer weiter wachsen; sie werden zu einem immer größeren Teil mit Schulden finanziert werden. *Die Staatsausgaben werden immer schneller wachsen als das Sozialprodukt; der private Anteil wird immer kleiner werden. Dadurch wird der Staatsbankrott immer unvermeidlicher. Denn nur der private Teil der Volkswirtschaft kann doch die Steuern erwirtschaften, die der Staat braucht, um den Bankrott noch ein wenig hinauszuziehen.*

Machen wir uns das anhand der typisierten Darstellung eines Staats-Ablaufs hin zum Staatsbankrott klar (Abbildung 10):

Der typische Staats-Ablauf

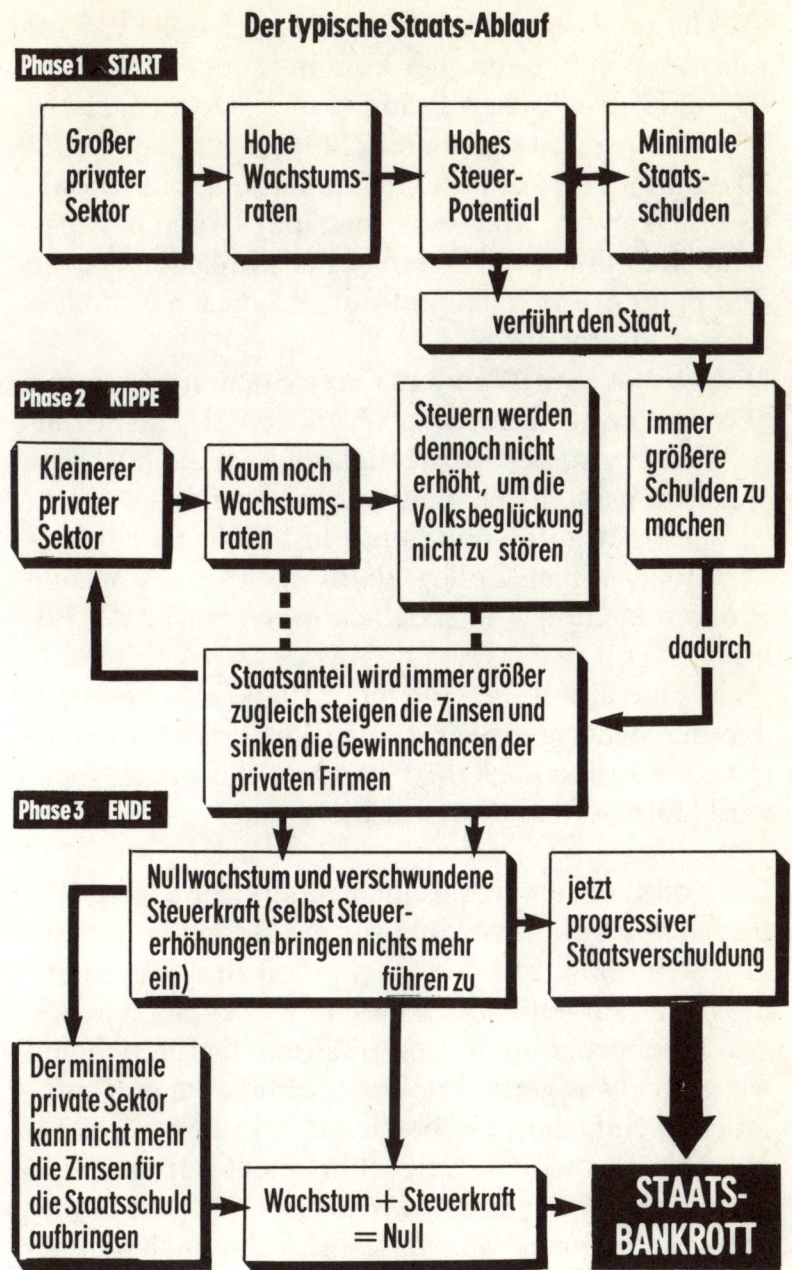

Phase 1   START

| Großer privater Sektor | Hohe Wachstumsraten | Hohes Steuer-Potential | Minimale Staatsschulden |

verführt den Staat,

Phase 2   KIPPE

Kleinerer privater Sektor

Kaum noch Wachstumsraten

Steuern werden dennoch nicht erhöht, um die Volksbeglückung nicht zu stören

immer größere Schulden zu machen

dadurch

Staatsanteil wird immer größer zugleich steigen die Zinsen und sinken die Gewinnchancen der privaten Firmen

Phase 3   ENDE

Nullwachstum und verschwundene Steuerkraft (selbst Steuererhöhungen bringen nichts mehr ein)   führen zu

jetzt progressiver Staatsverschuldung

Der minimale private Sektor kann nicht mehr die Zinsen für die Staatsschuld aufbringen

Wachstum + Steuerkraft = Null

STAATS-BANKROTT

133

Wer heute nach Staaten fragt, die noch hohe Wachstumsraten aufweisen, der kommt immer wieder auf den südostasiatischen Raum zurück: Dort liegen die Wachstumsraten regelmäßig Jahr für Jahr bei 10, 15, 20 oder mehr Prozent. Die Staaten sind: Hongkong, Korea, Taiwan, Malaysia, Singapur. Auch in Japan ist noch ziemlich viel Dampf, ebenso machen sich die Philippinen und Thailand auf, zu diesen Wunder-Staaten zu stoßen.

Doch es ist kein Wunder. Diese Staaten haben nur alle ein ganz winziges Staats-Teilchen, das ihr Sozialprodukt verwässert. In Hongkong, wo die höchsten Wachstumsraten der Welt überhaupt erzielt werden, ist der Staatsanteil überhaupt fast Null: Es gibt weder Steuern noch Zölle – dafür auch keine sozialen Programme und Volksbeglückungsversuche der Politiker.

Es ist eine alte Regel, die jeder Bankier beherrscht, daß die Sicherheit zwar das Risiko ausschließt, aber mit dem Risiko auch die Chancen. Das meiste Geld wird dort verdient, wo es die wenigste Sicherheit gibt.

Die Politiker sehen es freilich anders. Sie sagen: Wir tragen die Verantwortung für die Bevölkerung und ihre Sicherheit. Für diese Sicherheit sind wir zuständig. Wir sorgen dafür, indem wir entsprechende Ausgabenprogramme bereithalten. Dafür nehmen wir gern etwas geringere Wachstumsraten in Kauf.

Aber so einfach ist es eben nicht. Die zusätzliche Sicherheit, das soziale Netz, führt nicht nur zu einem geringeren Wachstum (»wir müssen ja nicht immer sooo viel mehr haben, wir können uns auch mal beschränken«). Zu einem Wachstum, das dann bestehen bleibt. Sozusagen wie der Zins auf einem Sparbuch, der auch niedriger ist als der Zins für eine Anleihe einer südamerikanischen Papierfabrik.

Leider bleibt das Wachstum nicht auf diesem niedrigeren Niveau stehen, es läßt sich nicht festhalten. Selbst die Vorstellung der »Linken« und der »Gesellschaftsreformer« oder »Grünen« von einem Null-Wachstum ist absoluter Nonsens. Das hört sich ganz toll an, wenn man in Gottes Namen dann eben auf das Wachstum verzichtet, so wie auf Geschenke zu Weihnachten.

Aber leider bedeutet das Null-Wachstum nicht Null, sondern es bedeutet: jedes Jahr wird genauso viel produziert wie im Vorjahr, nur eben nicht mehr. Damit aber überhaupt etwas produziert wird und nicht vielmehr nichts, müssen sich Produzenten finden. Diese Produzenten finden sich aber bei einem ausufernden Staatsanteil immer seltener. *Jedes Null-Wachstum fällt also unter Null zurück,* immer mehr Betriebe stellen ein, und am Ende der Forderung nach Null-Wachstum steht dann in der Tat die Null, aber die Null-Produktion.

Je mehr Sicherheit wir erstreben (und die Forderung nach dem Null-Wachstum ist auch nur eine Kaschierung dieses menschlichen Wunsches nach mehr Sicherheit), umso geringer wird das Wirtschaftswachstum. Denn Sicherheit wird nicht nur gefordert, sondern auch in vollen Händen gewährt.

Bringen wir Staatsschulden und Nullwachstum einmal zur Deckung. Was kommt dabei heraus?

Der Staat muß seine Schulden verzinsen und eines

Tages tilgen. Da es kein Wachstum gibt, bleiben die Steuereinnahmen jedes Jahr gleich. Der Staat könnte also nur die Steuern erhöhen, was zu einer Minderung des Wohlstands seiner Bürger führen müßte oder der Staat wird neue Schulden machen, um die Zinsen zu bezahlen. Er könnte auch die Staatsausgaben anders disponieren, aber auch dann erhöbe sich großes Geschrei, denn irgendjemand trifft es immer und wenn es die Arbeitsplätze in der Rüstungsindustrie wären.

Die Forderung nach Null-Wachstum kann in bezug auf die Staatsfinanzen nur die *Forderung nach einem stets ausgeglichenen Budget ohne bereits vorhandene Staatsschulden bedeuten.* Sofern Null-Wachstum bei vorhandenen Staatsschulden gefordert wird, kann dies nur die Forderung nach *beschleunigtem Staatsbankrott* sein.

Das Null-Wachstum stellt sich nun aber so oder so im Laufe der Jahre ein. Die Staats-Maschinerie verkleinert den privaten Sektor (wo nur Wachstum entstehen kann, der Staat »produziert« bekanntlich nichts) immer weiter. Dabei werden diese Dinge beobachtet:

- Um die Staatsfinanzen zu sanieren, werden immer wieder Versuche gemacht, die *Steuern zu erhöhen.* Der private Sektor, der diese Steuern aufbringen könnte, weicht dem entweder aus (Betriebsaufgabe, Betriebsverlagerung ins Ausland) oder beugt sich dem Druck, wobei freilich die Ergebnisse immer magerer werden. So hat die Bundesregierung in den 70er und 80er Jahren immer wieder die Zigaretten-, Benzin- und Branntwein-

136

steuer erhöht, doch die Mehrerträge wurden immer weniger. Nach der doppelten Steuererhöhung 1981 und 1982 bei Schnaps gingen die Steuereinnahmen sogar zurück. Und als die Tabaksteuer 1982 erhöht wurde, wichen so viele Raucher aus, daß die Staatseinnahmen aus Fabrikzigaretten ebenfalls sanken.

Die Kuh, die gemolken werden sollte, ist immer magerer geworden. Sie siecht dahin.

- Es gibt immer wieder überraschende *neue Steuervorschläge,* um noch etwas aus dem minimalisierten privaten Sektor herauszuholen. So wurde in Bonn lange diskutiert, ob man nicht eine Quellenabzugsteuer für Kapitalerträge einführen könne: die Banken und Sparkassen sollten von den Zinsen und Coupon-Erträgen gleich einen bestimmten Betrag einbehalten, den sich der Steuerzahler dann durch seine normale Steuererklärung wiederholen könnte.

- Die *Steuerfahndungs-Maßnahmen* werden immer schärfer. Es geistern fantastische Zahlen durch die Gegend, was »dem Staat« durch die Wirtschaftskriminalität entgeht. Die »Schwarzarbeit« wird zum Dauer-Thema: wie kann es jemand wagen, am Sozialstaat vorbei zu arbeiten! Wobei freilich niemand geschadet wird, außer eben dem Sozialstaat. Die Amerikaner nennen diese Wirtschaftsbereiche zutreffend »victimless crime« – Verbrechen ohne Opfer.

- Die *Erklärungen,* warum nun kein Wachstum mehr zu beobachten ist, werden immer kurioser. Zumeist muß der »gesättigte« Bedarf herhalten.

Jeder Haushalt hätte schließlich schon einen Kühlschrank und es gäbe eigentlich auch genug Autos. Daß es in Wirklichkeit der ausgeuferte Staat ist, der kaum noch unternehmerische Initiative zuläßt, wird verschwiegen. So könnten hunderttausende von Arbeitsplätzen geschaffen werden, wenn man beispielsweise die Rundfunk- und Fernsehfreiheit in Deutschland einführte oder das Post-Monopol für erledigt erklären würde.

Doch es führt kein Weg daran vorbei: Der Staat wird immer größer, der private Sektor immer kleiner. Da der Staat aber vom privaten Sektor lebt, ist das Ende seiner finanziellen Überlebensmöglichkeiten abzusehen.

Die ganze Tragik des Sozialstaates besteht darin, daß die Menschen sich mehr Sicherheit erhofften und diese Sicherheit auch zunächst geboten bekamen. Doch je größer die Sicherheit wurde, umso geringer waren die Chancen, die Mittel noch aufzutreiben, mit denen die Sicherheit zu finanzieren wäre.

Die Flucht vor dem Liquiditätsdruck des kapitalistischen Systems, die Flucht vor der Existenzangst, vor dem Lebensstreß endet – nach einem bizarren Kreis – just dort, wo sie begann: im Liquiditätsdruck, in Existenzangst, in Lebensstreß.

Die Menschen, die sich dem Sozialstaat anvertrauten, wollten damit dem Zwang für Wachstum sorgen zu müssen, entkommen. Doch als sie es nicht mehr nötig hatten (oder es nicht mehr vermochten), für Wachstum zu sorgen, brach der Sozialstaat im Bankrott zusammen.

Denn wo es kein Wachstum gibt, existieren auch keine Mittel, den Sozialstaat, den Staat überhaupt zu finanzieren. Da der Staat aber automatisch zu immer geringerem Wachstum führt, ist sein Ende abzusehen.

Zusammenfassung

1. Der **Staatsbankrott** ist **unvermeidlich.** Selbst wenn der Staat aus den **Besserverdienern** das Äußerste herausquetschen würde, reichte dies **nicht mehr aus,** um das **gewohnte** und **versprochene Anspruchsniveau** der Bevölkerung zu befriedigen (»Gutsherren«- und »Helgoland-Phänomen«).
2. Der mit den Staatsschulden **steigende Zins** macht den Weg in den Bankrott noch **unvermeidlicher.**
3. Der Staat **wuchert** überdies immer weiter, weil seine Existenz als **»positiv«** definiert wird: was er tut, muß richtig sein, also wird es in immer **größerem Umfang** auch getan.
4. Die Existenz von **Staatsbeamten** führt **automatisch** zur **Vermehrung** der Beamten, weil der Staat sonst wegen der **Karriere-Frustration** nicht bestehen könnte.
5. In allen Staaten hat sich seit dem Weltkrieg der **Staatsanteil erhöht,** zum Teil verdoppelt und verdreifacht.
6. Dabei sind, wie das Beispiel Bundesrepublik zeigt, **zwei Beschleuniger** eingebaut: das **progressive Steuersystem** und das **progressive Sicherheitssystem.**

7. Steigender Staatsanteil führt automatisch zu sinkendem **privaten Sektor** und damit zu **abnehmenden Wachstumsraten**. Entsprechend sinkt die **Steuerkraft**. Der Bankrott wird **beschleunigt**.

Erwin Küchle

Menschenkenntnis für Manager

276 Seiten, geb. DM 28,—

Fördern Sie Ihre Fähigkeit, andere mit möglichst hoher Treffsicherheit zu erkennen: Welche Verhaltensweisen lassen charakterliche Rückschlüsse zu ... was sagt die Sprache eines Menschen aus ... welche Verständigungsbarrieren sind im Umgang mit Menschen zu überwinden ... was weiß der Menschenkenner über Semantik und Soziolinguistik ... wie kann das Verhalten eines Menschen dialektisch beeinflußt werden ...?

Rupert Lay

Krisen und Konflikte

Ursachen – Ablauf – Überwindung
464 Seiten, geb. DM 36,—

Krisen und Konflikte sind Phänomene unserer Zeit. Sie können zu schweren Störungen in der Struktur einer Person und in der Gesellschaft führen. Es bedarf daher einer durchdachten Strategie, mit der Krisen und Konflikten mit Erfolg begegnet werden kann. Pater Rupert Lay ist dem Wesen und dem Verlauf der gefährlichen Störfaktoren nachgegangen und hat eine praktikable Therapie entwickelt. Dieses Buch gibt umfassend Antwort auf die drängendsten Fragen unserer Zeit.

Volker Rabaa

Trennung, Scheidung, Scheidungsfolgen

Ratgeber für die Ehekrise
304 Seiten, geb. DM 29,80

Der ›Ehekonkurs‹ hat neben den rein menschlichen eine Reihe sonstiger Probleme im Gefolge, deren Lösung durch das neue Scheidungsrecht nicht eben erleichtert wird. Was zu beachten ist in Sachen Sorgerecht, Unterhaltsregelung, Vermögensauseinandersetzung, Versorgungsausgleich, steuer- und erbrechtlichen Fragen, welche prozessualen Gesichtspunkte zu beachten sind, erläutert umfassend und anhand von Beispielen RA Volker Rabaa, Spezialist auf dem Gebiet des Familienrechts. Das Urteil des Bundesverfassungsgerichts vom 28.2.1980 ist berücksichtigt.

Über Ihre Veröffentlichungen auf den angekreuzten Fachgebieten informieren Sie mich bitte künftig regelmäßig:

☐ Unternehmensführung

☐ Personalführung

☐ Marketing / Verkauf / Werbung

☐ Rhetorik / Dialektik / Korrespondenz

☐ Rechnungswesen / Finanzkontrolle

☐ Verwaltungsorganisation

☐ Wirtschaftsrecht

☐ Finanzierung / Kapitalanlage

☐ EDV spezial

☐ Soziologie

☐ Senden Sie mir ständig ihr aktuelles Gesamtverzeichnis

☐ Senden Sie mir ständig alle Prospekte Ihrer Neuerscheinungen.

Liefern Sie mir bitte über die Buchhandlung:

Erwin Küchle
...... Ex. **Menschenkenntnis für Manager**
276 Seiten, geb., DM 28,--

Rupert Lay
...... Ex. **Krisen und Konflikte**
464 Seiten, geb., DM 36,--

Volker Rabaa
...... Ex. **Trennung, Scheidung,
Scheidungsfolgen**
304 Seiten, geb., DM 29,80

Absender:

**Wirtschaftsverlag
Langen-Müller/Herbig**
Hubertusstraße 4

8000 München 19

Die Wege in den Staatsbankrott

»Ein Staat, der seinen Kredit be-
nutzt, verfügt über die Hülfsmittel,
die er in den künftigen Einkommen
des Volkes zu finden hofft. Es leidet
keinen Zweifel, daß die Benutzung
dieser Hülfsquelle begrenzt ist.
Wenn sich auch nicht bestimmt angeben läßt, wie stark und wie schnell
das Einkommen einer Nation noch
wachsen, und der wievielte Theil
dieses Einkommens für allgemeine
Zwecke gesammelt werden kann, so
weiß man doch, daß es eine Grenze
giebt, die man nicht übersteigen
darf, ohne das Kapital des Landes
anzugreifen, die Quelle selbst, aus
der man schöpfen will, zu zerstören
und das Volk in Armuth und Ver-
zweiflung zu stürzen.«

Friedrich Nebenius, 1820

Das Tableau vom Staatsbankrott

Wie beim Untergang eines Unternehmens, kann man auch beim Staat sehr schön verfolgen, wie es ihn von Stufe zu Stufe herunterreißt. Ich habe das Ganze, damit es übersichtlicher wird, in einem großen Tableau zusammengestellt (Seite 178ff.).

Es beginnt beim »Nachtwächterstaat« bzw. jungen kapitalistischen Staaten ohne großen Staatsanteil und endet im Marasmus: der Staat stellt seine Zahlungen ein, es gilt, neue Formen des menschlichen Lebens zu finden. (Dies wird im Schluß-Kapitel noch ausführlicher diskutiert).

Der Weg zum Staatsbankrott erfolgt in Schüben, wobei durchaus schon Teil-Bankrotte auf dem Wege liegen können, wenn also der Staat zum Beispiel wohlerworbene »Rechte« seiner Bürger nicht mehr honoriert oder Zahlungsversprechen bricht, wie dies in Deutschland z.B. bei der Rentenpolitik gang und gäbe ist.

Am Ende steht aber immer die *vollständige Einstellung aller Zahlungen* bzw. die Entwertung aller Ansprüche an den Staat durch *Inflation*. Dies wird uns anschließend beschäftigen.

Wie bei allen privaten Bankrotten ist auch beim staatlichen das entscheidende Merkmal die immer weiter anschwellende *Zinsenlast*. Man versucht, sich durch Schuldenmachen noch eine Weile über die Runden zu retten, dies aber führt nicht etwa zu einer Gesundung, sondern reißt die Löcher nur immer weiter auf. Zum Schluß beginnen die Schulden ein Eigenleben zu führen.

Einst dienten die Schulden dem Ganzen, dann dienen die Schulden nur noch sich selbst.

Wie jeder Bankrotteur unterschätzt auch der Staat die absolut tödliche Wirkung von Zins und Zinseszins. Nehmen wir eine einzige klitzekleine Milliarde: der Staat nimmt sie auf und zahlt dafür 8 Prozent Zinsen, eine durchaus moderate Last, wie es scheint. Die Zinsen zahlt er nicht aus laufenden Steuereingängen, weil er die schon für andere »positive« Zwecke verplant hat. Er läßt die 8 Prozent jedes Jahr »stehen«, sie werden seinem Schuldkonto gutgeschrieben. 8 Prozent, dann 8 Prozent von 8 Prozent und so weiter. Nach neun Jahren hat sich die Milliarde verdoppelt.

Nun nimmt der Staat nicht nur einmal eine Milliarde auf, sondern jedes Jahr eine Milliarde. Kaum ist ein Jahrzehnt um, sind schon über 15 Milliarden Mark Schulden aufgelaufen, und alles hat so harmlos mit einer Milliarde begonnen.

Diese Schuld verdoppelt sich wiederum alle neun Jahre. Wenn die Zinsen höher liegen, was Anfang der 80er Jahre der Fall war, geht es noch schneller. Das Ganze endet in dem berühmten Beispiel vom Schachbrett: ein Weizenkorn aufs erste Brett, zwei aufs zweite, vier aufs dritte, acht aufs vierte, und so fort.

Auf dem Weg in den Staatsbankrott gibt es vier große *Meilensteine,* die von jedem Staat in mehr oder weniger großem Tempo passiert werden:

1. Schulden, die »außergewöhnlich« waren, werden trotz aller Versprechungen *nicht zurückgezahlt.* Solche außerordentlichen Schulden wurden früher ge-

144

macht, um Rüstungen und Kriege zu finanzieren, heute sind es vor allem Schulden, um sogenannte »gesamtwirtschaftliche Ungleichgewichte« zu beheben, also Schulden, mit denen die Staatsausgaben gemäß der »Konjunkturtheorie« (siehe oben) finanziert werden sollen.

Die Logik dieser »Konjunkturtheorie« lautet ja: Ich muß jetzt Schulden machen, Geld in die Wirtschaft pumpen, damit alles wieder läuft. Dann kommen auch höhere Steuern ein. Mit diesen Steuern kann ich dann die Kredite zurückzahlen. Solche Konjunktur-Schulden würden nie und nimmer genehmigt, wenn von vorneherein feststünde, daß sie nicht zurückgezahlt werden können, weil die zusätzlichen Steuereinnahmen aufgrund des mit den Schulden gestarteten Aufschwungs nicht ausreichen.

Die Konjunkturtheorie müßte dann zugeben: Wir müssen Geld zum Fenster hinauswerfen (Schulden machen, die nicht wieder hereingeholt werden können), um überhaupt noch ein wenig in der Wirtschaft zu bewegen. Sofort käme die Gegenfrage: Warum macht ihr dann nicht noch mehr Schulden, wie der Arzt die Dosis verdoppelt, wenn es beim ersten Mal nicht hingehauen hat. Mit einer solchen Dosis-Verdoppelung hat man in den 70er Jahren immer wieder versucht, die Sache noch einmal anzuwerfen. Den Konjunkturankurblern war jedoch entgangen, daß es nichts mehr anzuwerfen gibt: weil der private Sektor inzwischen viel zu klein geworden ist, kann er nicht mehr die Wachstumsraten erwirtschaften, die notwendig wären, um die teure Staatswirtschaft durchzuschleppen.

Die außerordentlichen Schulden sind daher in der Bundesrepublik nur in einem einzigen Jahr zurückgezahlt worden. Das war 1969, als der Bundesfinanzminister Strauß die Staatsschulden tatsächlich um 1,3 Milliarden Mark senken konnte. Immerhin hatte Bonn in den Jahren davor über 12 Milliarden zur Ankurbelung aufgenommen. Geld, das *bis heute nicht zurückgezahlt* ist bzw. durch neue Schulden »revolvierend« verlängert bzw. »umgeschuldet« wurde.

2. Die Staatsschulden werden *immer kurzfristiger aufgenommen.* In der guten alten Zeit des 19. Jahrhunderts waren Staatsschulden auf sehr lange Zeit ausgegeben. Der Staat wußte ganz genau, wie schwierig es sein würde, sie zurückzuzahlen. Denn Staatsschulden kann man nur mit Steuern zurückzahlen. Also gab man Schulden mit Laufzeiten von 30 bis 50 Jahren aus. Einige Staaten gingen sogar zum System der »ewigen Rente« über: Staatsschulden, die überhaupt nicht mehr zurückgezahlt, sondern immer nur verzinst wurden. Solche Staatspapiere gibt es in Großbritannien bis heute. Sie sind mit 2½ Prozent (!) verzinslich und notieren bei 22 Prozent. Ihr Ausgabekurs war 100 Prozent.

Noch in den 50er und 60er Jahren galten lange Laufzeiten für öffentliche Papiere als selbstverständlich. Anleihen mit Laufzeiten unter zehn Jahren wären als unseriös zurückgewiesen worden. Noch heute ziert den Frankfurter Kurszettel als erste der notierten Renten eine Bundesanleihe von 1963, die bis 1983 zu tilgen ist – Laufzeit also 20 Jahre. Diese »Langläufer« begannen in den 70er Jahren zu sterben. Da sich die Zinsen, nicht zuletzt aufgrund der immens steigenden Staatsverschuldung, immer schneller nach oben in Bewegung setzten, konnten keine Anleihen mit langen Fristen mehr abgesetzt werden. Die Schuldner machten es nicht, weil sie sich mit so hohen Zinsen nicht auf so lange Zeiten binden wollten; die Gläubiger machten es nicht, weil sie mit Langläufern schlechte Erfahrungen hatten (6prozentige Anleihen fielen damals auf 60, womit 40 Prozent des Vermögens futsch waren), und weil man hohe Zinsen auch mit kurzfristigen Papieren kassieren konnte. Damals kam zum ersten Mal das sogenannte »Festgeld« auf, eine hochverzinsliche Anleihe auf einem kurzfristig fälligen Konto.

Selbst die Pfandbriefe, traditionell langfristige Finanzierungs-Mittel (der Gegenwert wird zum Bauen verwendet, also in Investitionen, die sich ebenfalls nur sehr langfristig rentieren), mußten ihre Laufzeiten radikal verkürzen: von 30 auf zehn Jahre. Der Staat konnte sich diesem, von ihm selbst intiierten Trend nicht entziehen und gab seinerseits immer kurzfristigere Titel aus.

Heute ist die gesamte Staatsschuld der Bundesrepublik Deutschland zur Hälfte innerhalb von zwei Jahren fällig. Alle zwei Jahre müssen also mindestens 300 Milliarden Mark »umgeschuldet« werden. Die alten Kredite werden »zurückgezahlt«, gleichzeitig werden neue Kredite aufgenommen. Abgesehen davon, daß bei diesem »Revolving-System« immer schneller unnötige Gebühren anfallen und daß der dauernde Schuldendruck des Staates den Kapitalmarkt nicht zur Ruhe kommen läßt (weil es immer wieder heißt: Jetzt sind diese Tranchen über 3 und 4

Milliarden wieder dran, jetzt jene über 4 und 5 Milliarden), absorbiert der Staat längst den überwiegenden Teil der deutschen Netto-Ersparnisse.

Die sogenannte »Geldkapitalbildung« aller Bundesbürger stieg im Jahre 1981 um runde 100 Milliarden Mark von ca. 800 auf ca. 900 Milliarden. Das gesamte »Kassendefizit« der öffentlichen Haushalte, also die Schulden, die am Jahresschluß tatsächlich gemacht wurden, lag bei 80 Milliarden Mark.*)

3. Der dritte Meilenstein, den der Staat auf dem Weg in den Bankrott passiert, ist der Versuch, mit Steuermehreinnahmen wenigstens die Zinsenlast in Grenzen zu halten, *um nicht jedes Jahr die Zinsen zur Schuld schlagen zu müssen.* Dieser Versuch scheitert natürlich. In den 70er Jahren gelang es den öffentlichen Haushalten nur *zweimal* die Steigerung der Einnahmen gegenüber der Steigerung der Ausgaben prozentual höher zu halten, also überhaupt einen Ansatz zur Zinszahlung über normale Mehreinnahmen aus Steuern zu finden. In allen anderen Jahren lag die Steigerung der Ausgaben über der Steigerung der Einnahmen (was aus der Existenz des Staates logisch folgt, wie wir wissen). Damit blieben für den sogenannten »Schuldendienst« keine Mittelchen mehr übrig. Auch die Zinsen werden schließlich immer mehr durch Aufnahme neuer Schulden »gezahlt«.

4. Nun ist der Staat kurz vor dem Ziel. Auf dem letz-

---

*) Detaillierte Analyse dieser Zahlen und der Lage in Deutschland, siehe unten im Teil »Staatsbankrott in der Bundesrepuplik«.

ten Meilenstein steht: *Schuldenmachen, um die Zinsen zahlen zu können.* Die Staatsschulden, um noch einmal beim Beispiel Bundesrepublik Deutschland zu bleiben, haben 1982 die Grenze von 600-Milliarden-Mark überschritten. Bei einem durchschnittlichen Zinssatz von zwischen 8 und 9 Prozent macht das eine jährliche Zinsenlast von mindestens 50 Milliarden Mark.

Das gesamte Kassendefizit der öffentlichen Hand in der Bundesrepublik Deutschland hatte 1981 bereits 74 Milliarden Mark erreicht. Um 50 Milliarden Mark Zinsen zu bezahlen, werden als etwa anderthalb mal soviel Schulden gemacht.

Weder Zins- noch gar Tilgungszahlungen werden noch geleistet. Weitere »Neu«-Schulden kommen hinzu. Der Staat muß schließlich auch »als solcher« leben. Hilflos betrachten die Politiker die Lawine, die sie losgetreten haben.

Die Staatsschulden verdoppeln sich (Stand Mitte 1982) jetzt alle viereinhalb Jahre.

Die Formen des Staatsbankrotts

Der Staatsbankrott kommt in vielerlei Gestalt. Er kommt plötzlich über Nacht, und alle Bürger erfahren beim Morgenkaffee, daß ihre Ansprüche gestrichen sind. Er kommt in Teilen, wenn der Staat sich seinen gesetzlichen Verpflichtungen da und dort entzieht. Oder er tritt auf in Verkleidung. Sein bekanntestes Gewand ist die Inflation, die in der Währungsreform mündet.

Die Definition des Staatsbankrotts: Der Staat zahlt seine Verpflichtungen nicht oder nur zum Teil. Diese Verpflichtungen können aus Gesetzen herrühren oder es sind Rückzahlungsversprechen. Staatsbankrott liegt auch vor, wenn der Staat in einer Währung zahlt, deren Kaufkraft zum Zeitpunkt der Zahlung niedriger ist als zum Zeitpunkt, da die Verpflichtung entstand.

A. Der Staatsbankrott in Raten

Dem ständig größer werdenden finanziellen Druck versuchen sich die Staaten dadurch zu entziehen, daß sie *Teile ihrer Verpflichtungen abwerfen.* Dies wird gern als »Reform« bezeichnet, um zu dokumentieren, daß sich die Dinge für die Bürger insgesamt zum Besseren wenden.

Solche Teil- oder auch Mini-Bankrotte zählen zum Alltag eines modernen Staates, sie begegnen uns laufend schon morgens bei der Lektüre unserer Zeitung. Durch eines zeichnen sich die Teilbankrotte aus: *sie berühren nicht die Finanz-Sphäre,* machen also vor dem Allerheiligsten noch halt. Es ist natürlich ein Unterschied, ob die Rentenzahlungen gekürzt werden oder ob der Staat erklärt: er kürzt die Rückzahlung seiner Anleihen. De facto besteht zwischen beiden Formen des Bankrotts kein Unterschied: beide Male werden bestehende Verpflichtungen nicht erfüllt. Aber die Mißachtung der Rentner ist eine andere Sache als die Mißachtung der Sparer: die Rentner können sich nicht mehr wehren, ihre Altersversorgung ist dem Staat auf Gedeih und Verderb überantwortet. Der Sparer aber wehrt sich natürlich, wenn ihm seine beim Staat deponierten Ersparnisse nicht wieder voll zurückgezahlt werden: er würde dem Staat nie wieder eine Mark zur Verfügung stellen. Der Staatskredit bräche von heute auf morgen vollständig zusammen. ·

Der Teil-Bankrott ist also immer in Bereichen zu beobachten, wo der Staat schalten und walten kann, ohne daß es unmittelbare Konsequenzen für ihn hat. Erklärt er bestehende Renten-Rechte für »hinfällig«, dann passiert auf der Einnahmenseite gar nichts: der Staat hat die Arbeitnehmer »voll im Griff«: Sie müssen über die Betriebe zwangsweise weiter die Beträge für die Rentenversicherung bezahlen, ob sie wollen oder nicht. Auch die Beamten, deren Gehälter in einer Form des partiellen Staats-Bankrotts gekürzt oder verspätet gezahlt oder mit zeitlicher Verzögerung angehoben werden, werden nicht sofort den Bettel hinschmeißen, bloß weil der Staat nicht das zahlt, was er zahlen müßte. Auch werden Lieferanten des Staates mit immer weiter in die Zukunft gedehnten Zahlungszielen einverstanden sein, da man ihnen bedeutet: Schließlich ist es der Staat, an den du liefern darfst, der Staat ist sicher und wenn du damit nicht einverstanden bist, liefert eben ein anderer.

Der Staats-Bankrott in Raten läuft nach einer gewissen Zeit in allen Staaten. Einige Beispiele werden genügen:

● In den *USA* ist der Staat nach Amtsübernahme durch den Republikaner Ronald Reagan finanziell so sehr in die Knie gegangen, daß zehntausende von Arbeitsverträgen mit der Bundesverwaltung gelöst werden mußten und fast der gesamte Sozial-Etat an die einzelnen Bundesstaaten »abgetreten« wurde. Dennoch macht der Staat die größten Defizite aller Zeiten. Um den völligen Zusammenbruch der Finanzmärkte zu vermeiden, mußte Reagan den Versuch der »größten Steuererhöhung aller Zeiten« starten.

- In *Frankreich* kam es nach der Amtsübernahme durch die Sozialisten zu einer riesigen Verstaatlichungswelle. Die Aktionäre, die enteignet wurden, erhielten aber nicht etwa bares Geld (das sie ohnehin nicht hätten außer Landes bringen können, da Frankreich die »Ausfuhr« von Geld untersagt), sondern Staats-Titel, Zahlungsversprechen, die sie eines Tages, mit entsprechendem Kaufkraft-Minus, einlösen können.

- In der *Bundesrepublik Deutschland* galt seit 1957 ein Renten-Gesetz, das den Rentnern eine Teilhabe am allgemeinen wirtschaftlichen Fortschritt versprach. Die Renten sollten jedes Jahr so steigen, wie die Löhne in den Jahren davor. Dies funktionierte auch bis Mitte der 70er Jahre, als der Staat plötzlich feststellte, daß seine Rentenversicherung vor dem Zusammenbruch stand. So wurde eine Unterscheidung gefunden in »brutto-« und in »nettolohnbezogene« Rentenanpassungen. Die Renten wurden nicht mehr so erhöht, wie dies gesetzlich vorgeschrieben war, also gemessen an den Bruttolöhnen, sondern sie stiegen nur noch wie die Nettolöhne.

Dieser Partialbankrott der Bundesrepublik Deutschland ist übrigens typisch staatlich: *Der Staat spekuliert auf den Staat, um sich zu retten.* Die Nettolöhne, so meinte man, steigen natürlich nicht so schnell wie die Bruttolöhne, weil da die Steuern und die Versicherungsbeiträge abgehen, die der Arbeiter bezahlen muß, und die inzwischen schon 60 Prozent bei einer Lohnsteigerung ausmachen. Wenn die Renten nur noch »netto« angepaßt werden, muß man nur dieses Netto entsprechend klein halten (indem der Staat die Steuern und die Sozialversicherungen noch hält) und schon ist die Rentenversicherung gerettet. Aber der Staat kann sich leider nicht, wie der Baron von Münchhausen, am eigenen Schopf aus dem Sumpf ziehen: die Rentenversicherung steuert inzwischen erneut ihrem unvermeidlichen Bankrott zu.

Wenn wir die teilbankrott-fähigen Staatsbereiche anschauen, lassen sich diese Möglichkeiten erkennen, die dieser oder jener Staat in der einen oder anderen Form durchexerziert hat oder durchexerzieren wird, bevor das endgültige Aus erklingt.

Staats- bzw. Ausgabenbereich	Teilbankrott-Potential
Beamten-Gehälter	Lineare Kürzung, Verzögerung bei der Anpassung. Heranziehung der Beamten zu »Sonderopfern« (z. B. Arbeitsmarkt-Abgabe).

Infrastruktur	Aufgabe von unvollendeten Bauvorhaben (Kanäle, Autobahnen, Brücken, die ins »Leere« führen).
Bildungswesen	Kürzung von Stellenplänen, »kostenlose« Leistungen müssen wieder bezahlt werden (Schulbücher).
Forschung	Etat-Kürzungen, die laufende Projekte stoppen; Aufgabe von Großvorhaben, ohne die Ergebnisse abzuwarten (Schneller Brüter).
Militär	Streichungen trotz Gefährdung der Einsatzbereitschaft der Truppe (Munitions-Rationierung; Benzinzuteilung für Übungsflüge).
Ausland	Nichteinhalten von Zahlungsversprechen, die bei Staatsbesuchen abgegeben wurden.
Sozial-Bereich	Kürzung »erworbener« Rechte. Senkung des

	»sozialen Besitzstandes« (Rentenanpassungen je nach Kassenlage; Beteiligungen an Krankheitskosten, »Tagegeld«, »Rezeptgebühr«). Beeinträchtigung der Lage der Arbeitslosen (müssen niedrigere Arbeit annehmen, erleiden Kürzungen).
Sonstige Ausgaben	Werden immer schleppender bezahlt (dabei Hinweis auf den »sicheren« Schuldner Staat). Vorgriffe auf kommende Haushaltsjahre (»Bugwellen«).

Natürlich ist der Übergang zwischen dem Teilbankrott und dem, was im Zusammenhang mit dem Staat landläufig unter »Sparen« verstanden wird, fließend. Nehmen wir als Beispiel die Agrar-Ausgaben: Der Staat garantiert zunächst allen Bauern für ihre Produkte bestimmte Preise. Beides ist gesetztlich festgelegt: der Preis und daß zu diesem Preis *jede* Menge aufgenommen wird.
Die Bauern haben also ganz klare Kalkulations-Grundlagen und beginnen zu wirtschaften. Was jeder Student im ersten Semester Volkswirtschaftsleh-

re lernt, tritt selbstverständlich ein: Die Produktion wird immer weiter gesteigert, da es keine Absatzprobleme gibt und eine Mehrproduktion – im Gegensatz zum sonstigen, staatsfreien Leben - nimmer und nirgendwo zu sinkenden Preisen führt. So entstanden die bekannten Butter-, Schweine- und Zuckerberge. Die Zahlungen zum Aufbau (und Abbau über Verschleuderungsaktionen auf dem Weltmarkt) nahmen immer abenteuerliche Formen an. Die zuständigen Staaten (diesmal der Europäischen Gemeinschaft) versuchen seit Jahren, sich dieser Last zu entledigen.

Zunächst einmal haben sie das Problem auf eine dritte Ebene geschoben: sie haben den Haushalt, der diesen Unfug finanziert, verselbständigt. Das Geld wird jetzt in Brüssel eingenommen und ausgegeben, so daß es aussieht, als habe der jeweilige nationale Staat überhaupt nichts damit zu tun. Doch das Problem der steigenden Ausgaben ist hartnäckig. Zwar versuchen die EG-Staaten dadurch, daß sie Inflation machen, den Bauern die Kosten so hoch zu treiben, daß sich die Fertigung auch zu den staatlichen garantierten Preisen nicht lohnt, aber der Zuschußbedarf wird dennoch immer größer. Der EG-Haushalt (was im wesentlichen Agrar-Subventionen und Personalkosten sind) hat sich in 15 Jahren vervierfacht und liegt jetzt bei umgerechnet 50 Milliarden Mark im Jahr. Wenn in Brüssel nun »gespart« wird, kann das nichts anderes heißen als daß sich die EG ihren Zahlungsverpflichtungen zu entledigen sucht, die normalerweise aufgelaufen wären. Dieses Sparen trägt dann ganz merkwürdige Züge: da gibt es Abschlachtprämien, um die Zahl der Milchkühe zu senken und damit den Betrag, der für die Milchpreis-»Stützung« ausgegeben werden muß. Oder die Überschuß-Güter werden zu Schleuderpreisen auf dem Weltmarkt untergebracht, was noch etwas an Geld wieder einspielt, während sonst die auf Halde lagernde Produktion so nach und nach verrotten würde. Die Produkte werden auch wie es so schön heißt, »denaturiert«: aus Butter wird dann ein undefinierbares Fett, aus eingelagertem Wein wird Alkohol, usw.

Man sieht: der Übergang zwischen zwangsweisem »Sparen« und »Partial-Bankrotten« ist immer fließend. Wer genau hinschaut, erkennt natürlich in der Rücknahme eines konkreten Zahlungsversprechens der öffentlichen Hand, ganz gleich, unter welchen (Begleit-)Umständen das geschieht, das Eingeständnis, daß nicht bezahlt werden kann. So etwas kann mit dem »Vergleich« (Beispiel: AEG) im privaten Geschäftsleben verglichen werden, obwohl der Staat natürlich niemanden fragt, ob er seine bisher geleisteten Zahlungen vermindern oder einstellen soll – wozu er auch nie ein Okay erhalten hätte, wie dies beim privaten Vergleich zwischen Schuldnern und Gläubigern sein muß.

B. Der Voll-Bankrott

Der Staat hält sich aber nicht lange bei halben Sachen auf. Sein Weg führt – an so manchem Teilbankrott vorbei – schnurstracks in den Voll-Bankrott.

Das ist die Einstellung von Zahlungen nicht etwa in Teil- oder »Leistungs«-Bereichen, wo man also darüber streiten kann, was es in Wirklichkeit bedeutet, wenn die Gehälter und Renten gekürzt, die Bauten nicht zu Ende geführt, die Zahlungen verspätet werden.

Der volle, der eigentliche Staatsbankrott tritt ein, wenn die *Finanz*-Verpflichtungen des Staates nicht mehr erfüllt werden. Will heißen: Wenn der Staat seine Schulden nicht mehr bedienen kann.

Dieses Nicht-Mehr-Bedienen-Können darf man sich nicht etwa so vorstellen, daß der Staat eines schönen Tages erklärt, er könne die Zinsen für die Staatsschulden nicht mehr bezahlen oder die Staatsschulden nicht mehr tilgen.

Der moderne Sozialstaat zahlt schon längst keine Zinsen mehr und Schulden hat der Staat überhaupt noch nie zurückgezahlt.

Nein, der volle, satte, der eigentliche Staatsbankrott tritt ein, *wenn der Staat keinen mehr findet, der ihm noch weiter Geld leiht, um seine Zinsen zu zahlen bzw. seine Schulden »umzuschulden«.*

Nach dem Ersten Weltkrieg erschien aus der Feder von Professor Alfred Manes ein Bestseller mit dem Titel »Staatsbankrotte«. Damals fielen die Staaten reihum, weil sie sich weigerten, die »Anleihen« zurückzuzahlen, die sie aufgrund ihrer Kriegsführung aufgenommen hatten. Professor Manes läßt sich in seinem Buch sehr detailliert über die »Bankrottarten« aus, die von der »Verletzung der Zinszahlungspflicht« über die »Verletzung der Kapitalzahlungspflicht« bis zur »Verletzung der Zinszahlungs-

und zugleich der Kapitalzahlungspflicht« reichen. Da ist die Rede von der »Herabsetzung der Zinshöhe«, von der »Herabsetzung des rückzahlbaren Kapitals«, auch von »Devalvation« und »Repudiation« und was derlei Finessen mehr gewesen sind.*)

Dies alles war auf den bürgerlichen Staat des 19. Jahrhunderts abgepaßt, wo man den Staat als Schuldner noch irgendwie mit einem privaten Schuldner vergleichen konnte, zum Beispiel mit einer Bank, die – nachdem sie in Schwierigkeiten ist - auch anfängt, an den Zinsen zu schnippeln bzw. bittet, ihr etwas zu erlassen.

Der »moderne« Sozialstaat aber ist als Schuldner *viel zu groß,* viel zu voluminös in den Summen, die bewegt werden, als daß es irgendeine Korrektur im Detail geben könnte. Der moderne Sozialstaat macht voll und ganz bankrott und wenn er sich streckt, dann stellt er seine Zahlungen voll und ganz und ein für allemal ein.

Der Unterschied zu den Bankrotten der Geschichte, die wir in unserer »Galerie« noch kennen lernen werden, ist heute der: diesmal geht nicht irgendein Staat bankrott, der dann von einem »besseren« abgelöst wird. Solche Muster à la Sonnenkönig-Staatsbankrott-Napoleon oder Zar-Staatsbankrott-Lenin wird es nicht mehr geben. *Der Staat als solcher wird bank-*

---

*) Devalvation = Abwertung; zum Beispiel, wenn ein Staat Schulden im Ausland hat und seine Währung (z. B. Dollarkurs) herabsetzt. Repudiation = Volle Zurückweisung der Schuldtitel, wenn sie präsentiert werden.

rott machen und mit dem Staatsbankrott wird die Idee »Staat« verschwinden.

Der volle, satte, der eigentliche Staatsbankrott tritt also ein, wenn der Staat keine Gläubiger mehr findet. In früheren Zeiten waren diese Gläubiger zunächst einzelne große Banquiers, dann war es die breite Masse der Bevölkerung, die Staatsanleihen zeichnete, die dann nicht oder (nach einer Inflation) nur zum aufgedruckten, lächerlichen Wert zurückgezahlt wurden.

Diese Staats-Gläubiger gibt es heute schon längst nicht mehr. Die öffentliche Verschuldung findet im Geheimen statt – nicht mehr auf dem offenen Markt, wo jeder sehen kann: Aha, da kommt der Staat wieder und will sich etwas pumpen. So war es früher, als der Staat noch sogenannte »Staatsanleihen« auflegte, also öffentliche Schuldversprechen, die jedermann lesen, in die Hand nehmen und nach Hause tragen konnte. Diesen ganzen Klimbim mit dem Drucken eigener Urkunden leistet sich der Staat nur noch, um die ganz kleinen Sparer herauszulocken: da werden dann sogenannte »Bundesschatzbriefe« oder »Bundesobligationen« angeboten, deren Verkauf jedoch – gemessen am gesamten Finanzbedarf – höchst schleppend verläuft. So konnte der Bund zwar 1981 für knapp 5 Milliarden Mark neue »Bundesschätzchen« absetzen. Doch unter dem Strich sah die Rechnung dann so aus (Originalton aus dem Geschäftsbericht der Deutschen Bundesbank): »Der Umlauf an Bundesschatzbriefen *verringerte sich* wegen des Übergewichts der Rücknahmen und Einlösungen von 24,1 auf 13,8 Milliarden Mark am 31. De-

160

zember 1981.« Die zehn Milliarden minus aus dem Bundesschatzbriefgeschäft konnte die bessere Entwicklung bei den Obligationen (Umlauf Ende 1981: 20,7 Milliarden, Ende 1980: 9 Milliarden) zwar wettmachen, doch unter dem Strich ist mit solchen »öffentlichen« Placierungen nichts mehr zu gewinnen.

Auch die Zahlen der ganz hochoffiziellen *Anleihen* der Republik sind enttäuschend: Am Jahresende 1981 betrug der Umlauf von Anleihen 44,5 Milliarden, im Jahr davor waren es 41,7 Milliarden. Mit solchen Kleckerbeträgen kommt der Staat nicht mehr über die Runden. Auf dem Markt, unter dem wachsamen Auge der Finanzpresse und der Anlageberater kann kein Staat mehr etwas werden. Die Bundesrepublik Deutschland ist da nur ein Beispiel. Der Staat geht seit langem vor, wie jeder andere Schuldner auch, der noch versucht, Gläubiger zu finden: *er schreibt in Hinterzimmern Schuldscheine aus*. Der schon zitierte Geschäftsbericht der Deutschen Bundesbank beschreibt den Vorgang schlank: »Als Instrument der Mittelaufnahme dominierten 1981 die – besonders flexibel zu handhabenden – Schuldscheindarlehen; wie bereits 1980 entsprach die Neuverschuldung in dieser Form allein schon praktisch der Höhe der *gesamten* staatlichen Nettokreditaufnahme«.

Der staatliche Vollbankrott wird also an genau dem Tag kommen, an dem der Staat in seinem Hinterzimmer zwar fleißig Schuldschein um Schuldschein ausschreibt (»Bringe dann und dann die und jene Milliarden«), aber niemand tritt mehr ein, um dem Staat für seine Schuldscheine Bares zu geben. Wann dieser

Tag beim Beispiel Bundesrepublik kommt, hängt vom Wohlwollen jener Leute ab, die dem Staat immer wieder Bares zugesteckt haben, also von den Banken.

Staatsbankrott per Inflation

Die Stichworte »Schuldscheine« und »Banken« weisen uns den Weg zu einer Spielart des Staatsbankrotts. Das ist die Inflation.

Inflationen gibt es, seit es Staaten gibt. *Und Inflationen gibt es nur, weil es Staaten gibt.* Der Staat kann kraft seines Gewaltmonopols auch bestimmen, was »Geld« ist, und zwar nicht im Sinne von Geld = Wertmittel, sondern im Sinne von Geld = Zahlungsmittel. Wenn der Staat behauptet: damit kann bezahlt werden (z. B. die Steuern), dann ist dieses Medium »Geld«. Punktum.

Da sich der Staat immer und überall in Geldnöten befindet, ist er natürlich sehr daran interessiert, nur solche Medien zu Geld zu erklären, die er in seinem Sinne manipulieren, das heißt möglichst geräuschlos vermehren kann. Zunächst war das in der Geschichte nicht ganz einfach. Denn Geld war *Edelmetall,* das nicht so ohne weiteres vermehrt werden konnte. Der Staat erklärte sich zwar zum Oberherren über alle Metalle, die aus der Erde gegraben wurden (man nannte das »Bergregal« von rex = König). Er beschickte seine Erzgruben mit Staatssklaven oder trat das Recht auf die Ausbeute der Erde nur gegen hohe

162

Gebühren oder Beteiligungen ab; aber letztlich mußte doch gearbeitet werden und zwar von privaten Unternehmern, wenn Gold, Silber oder Kupfer vermehrt werden sollten. Das Metall zu vermehren ist ein schweres Geschäft.

Irgendwann entdeckte der Staat, daß man es sich auch einfacher machen kann, indem man gewisse Eigenschaften der Edelmetalle ausnutzt, z. B. daß man sie »strecken« kann, ohne daß dies sofort bemerkt wird. So kann man Gold mit dem billigeren Silber strecken ohne daß der Goldglanz verloren geht. Und Silber streckt man mit Kupfer und selbst wenn das Silber nur noch Bruchteile ausmacht: das Ganze sieht immer noch wie eine Silbermünze aus.

Die Geschichte bis zum 19. Jahrhundert ist daher eine Geschichte der staatlich betriebenen Münzverschlechterung: die Münzen wurden durch das Strecken innerlich immer wertloser, bchielten aber den aufgeprägten Wert, so daß wir – trotz Edelmetall – eine Dauer-Inflation hatten. Die Prägung, das staatliche Gütesiegel, war dabei das Geheimnis: Das offizielle Staats-Emblem mußte abgebildet werden, möglichst auch noch der Kopf des Herrschers und schon konnten die gleichen Münzen immer geringhaltiger ausgeprägt werden. Wer sich beschwerte, wurde wegen Mißachtung des Staates oder des Kaisers, Königs, Fürsten usw. angeklagt und aufgehängt.

Wie stark die vom Staat heimlich betriebene Edelmetall-Inflation über die Jahrhunderte gewesen ist, kann man anhand der heutigen Währungs-Bezeichnungen leicht nachvollziehen: Ein »Pfund« war natürlich früher ein Pfund (ca. 500 Gramm) Silber. Wert heute: 250 Mark. Ein englisches »Pfund« (England hatte nie eine Währungsreform) aber ist heute nur etwa 4 Mark wert. Ein italienisches Pfund (= Lira) wird heute nur noch mit Pfennigbruchteilen bewertet. Oder unsere gute deutsche Mark. Eine Mark war früher ein halbes Pfund, fast 250 Gramm (Silber!). Wert einer solchen Mark heute: 125 Mark. Eine Mark aber ist eine Mark.

Ein Gulden, eine »Goldener«, war im 13. Jahrhundert eine Münze von 5 Gramm Gewicht. Wert eines solchen Gulden heute: 130 Mark. Wert eines wirklichen (holländischen) Gulden heute: 90 Pfennige. Ein »Groschen« war natürlich früher nicht ein Zehnpfennigstück, sondern eine »Groß«-Münze (»Grosso«). Auch der Vergleich von Währungen untereinander zeigt, was der Staat an Inflations-Potential in sich hat. So galt vor dem Ersten Weltkrieg ein Schweizer Franken = eine italienische Lira = ein belgischer Franken. Und vor dem Zweiten Weltkrieg hatte ein japanischer Yen einen Wert von – einem Dollar (heute sind 1000 Yen 40 Cents).

Trotz aller Münzverschlechterung kamen die Staaten nicht hin. So entwickelte sich das französische Pfund (»Livre«), das unter Karl dem Großen 20 sogenannte »Sols« gegolten hatte (von »Solidus«, der »soliden« römischen Münze), wie der Geld-Historiker de Salzade im 18. Jahrhundert in seinem berühmten »Recueil des Monnoies« feststellte, immer schneller bergab: Unter Philippe Auguste (1158–1222) waren es noch 6 Sols, unter Le Roy Jean (1344–64) waren es drei, unter Heinrich II. und

164

Franz II. Mitte des 16. Jahrhunderts war es noch 1 Sol. Also eine Abwertung von 20 auf 1 in 700 Jahren. Die nächste Abwertung von 20 auf 1 dauerte nur noch 200 Jahre – bis zum Ende des 18. Jahrhunderts, das mit zwei großen französischen Voll-Staatsbankrotten ausklang.

Frankreich ist ein schöner Beweis auch der These, daß sich – unabhängig vom Medium »Geld« – in puncto Staatsfinanzen alles beschleunigt und daß ein Staatsbankrott dennoch unvermeidlich ist.

Nach den Tricks mit den Edelmetall-Münzen gelang dem Staat die ganz große Entdeckung: das *Papiergeld*. Das war zunächst ein Zahlungsversprechen, das auf Edelmetall lautete, weshalb heute noch auf vielen Geldscheinen der völlig sinnlose Satz steht: »Ich zahle dem Überbringer dieser Note ... (dann kommt der Betrag, z. B. 5 englische Pfund)«. Auch die schwungvollen Unterschriften von Bankpräsidenten auf unseren Banknoten, die ja überhaupt keinen Sinn haben, stammen aus der Zeit, da man diese Noten noch gegen »reale« Werte, also gegen Edelmetall eintauschen konnte.

Die ganze Staats-Kunst bestand nun darin, den Fetzen Papier von seinem realen Untergrund zu lösen. Wenn die Leute nur daran glaubten, das Papier sei durch echte Werte »gedeckt«, mußte der Super-Trick gelingen – nämlich aus Nichts »Geld« zu zaubern: Solange niemand sein Papier zum Umtausch präsentiert, konnte man natürlich soviel Papier mit solchen Zahlungsversprechen bedrucken, wie man wollte.

So begannen alle richtig großen Inflationen der Neuzeit mit zusätzlichem Druck von Papiergeld bzw. Banknoten. Die Chinesen, die das Papier erfunden hatten, marschierten mit der ersten staatlichen Papiergeld-Inflation voran: im 14. Jahrhundert schon wurden staatliche Zahlungsversprechen ausgegeben, auf denen, für die Leute, die nicht lesen konnten oder die es nicht glauben wollten, sogar die Menge des Edelmetalls abgebildet war, die dieser Papierfetzen wert sein sollte. Wie jedes staatliche Zahlungsversprechen wurde auch dieses nicht eingelöst. Die Noten des Staates China gingen auf Null; der Schock im Volk saß so tief, daß die Chinesen neues Papiergeld erst wieder Ende des 19. Jahrhunderts akzeptierten. Inzwischen hat sich der Staatsbankrott freilich flott eingebürgert: bei Antiquaren kann man sich heute massenhaft chinesische Staatspapiere besorgen, deren Zahlungsversprechen (auf »Gold« lautend, auf »Dollar«, auf »Pfund« usw.) allesamt nicht eingelöst wurden.

Die Geschichte des Papiergeldes ist eine Geschichte der Staatsbankrotte. Der Papiergeld-Forscher Albert Pick hat eine fantastische Sammlung zusammengetragen, die heute von der Bayerischen Hypotheken- und Wechselbank gehütet wird, und die man sich bei einem München-Besuch nicht entgehen lassen sollte. Da gibt es Noten der französischen Staatsbank von 1720, die wertlos wurden und Noten des französischen Staates von 1791 ff., die ebenfalls Makulatur wurden, sogenannte »Assignaten«, die man durch Grundbesitz der durch die Revolution enteigneten Adeligen »gedeckt« wähnte. Es gibt preußische »Tresorscheine« aus dem Jahre 1806, der Berliner Staats-Tresor war damals leider leer. Dann kommt eine wahre Flut von Papierscheinen aus dem 19. und 20. Jahrhundert, deutsche und ungarische Noten, auf denen Zahlen mit neun, zehn, zwölf Nullen erscheinen.

Der Staat betreibt seine Inflationen auf zwei Wegen: entweder er gibt Staats-Papiergeld aus, wie die Assignaten oder Tresorscheine oder später im Ersten Weltkrieg und der folgenden Super-Inflation »Reichskassenscheine«. Oder der Staat läßt für sich »Banknoten« drucken. Solche Banknoten werden, wie der Name schon sagt, von einer Bank ausgegeben, die es sich natürlich von sich aus niemals leisten könnte, einfach Papiergeld zu drucken. Voraussetzung der Freigabe des Banknotendrucks ist daher immer: die Bank muß in Staatsbesitz sein oder – wenn sie nominell noch privaten Aktionären gehört – auf Staatskommando hören.

Der Banknoten-Druck und die nachfolgende Inflation ist dann die einfachste Sache von der Welt: Der Staat unterschreibt Schuldscheine, die zur Bank gefahren werden. Die Bank schickt im Gegenzug das Bargeld zurück. »Deckung« ist dann nicht mehr Gold oder Silber, also nur schwer, d. h. durch Arbeit vermehrbare Güter. Deckung ist die Unterschrift des Finanzministers, was bei weitem nicht so anstrengend ist, wie in ein Bergwerk einfahren.

Staatliche Schuldscheine werden, wie wir oben gesehen haben, auf dem Weg zum Staatsbankrott ein immer beliebteres Finanzierungsmittel für die öffentliche Hand. Theoretisch könnte eine Banknoten-Inflation auch über Anleihen gemacht werden: Der

Staat gibt »Staatsanleihen« aus, die dann von der Bank gekauft werden, was ebenfalls nichts anderes ist als Druck von neuen Banknoten. (Sie müssen das nicht so verstehen, daß immer neue Noten als Stücke gedruckt werden: es genügt, wenn der Staat bei der Notenbank ein Konto hat, auf dem dann die entsprechenden Gutschriften erfolgen, über die er dann so verfügen kann, wie Sie per Euroscheck über ihr Konto).

Die Schuldscheine enthalten natürlich ein Rückzahlungsversprechen (»Bringe dann und dann...«). Aber wenn der Schuldschein fällig ist, zückt der Finanzminister nur wieder seinen Füller und setzt seinen Namen unter einen neuen, um die aufgelaufenen, auch nie bezahlten Zinsen vermehrten Schuldschein, dafür gibt es dann wieder Bargeld (bzw. Kontengutschrift) und so weiter.

Und so entsteht die Inflation. Nur so. Es kann überhaupt keine andere Inflationsquelle geben als den Staat. Noch konkreter: es sind immer die staatlichen Defizite, die letztlich durch den zusätzlichen Druck von Papiergeld ausgeglichen werden, die immer und überall die Währung ruinieren. Denn die staatlichen Defizite steigen aus den bekannten Gründen immer weiter an und damit wächst der Wunsch der Politiker, diese Defizite möglichst geräuschlos aus der Welt zu schaffen. Am geräuschlosesten ist immer noch die Unterschrift des Finanzministers unter Schuldscheine, die dann kurzerhand zu »Geld« erklärt werden – so als ob das Geld durch Steuerzahlungen eingekommen wäre. Geld sieht immer wie Geld aus, da gibt es keine Unterschiede: das ist

Geld, das aus Steuerzahlungen stammt, das also vorher ordentlich verdient wurde; das ist Geld, das die Sparer aus ihrem hart erarbeiteten Einkommen dem Staat leihweise zur Verfügung stellen, indem sie Bundesschatzbriefe kaufen; und das ist das böse Geld, das sich der Finanzminister mal eben schnell gegen Schuldschein von der Notenbank besorgt hat – ohne daß sich dafür ein Buckel krumm machen mußte, außer dem des Kassierers, der die Banknoten-Bündel über den Tresen schiebt, wo sie der Fahrer des Finanzministers einsacken kann.

Inflationen haben nun die unheilvolle Tendenz, sich immer weiter fortzusetzen. Auch dies liegt in der Natur der Sache »Staat«, denn der muß immer größere Defizite machen, die er dann über die Notenpresse ausgleicht. Immer mehr Geld bedeutet, daß die Waren, die nicht genauso schnell produziert werden können, seltener sind als das Geld. Mit anderen Worten: Immer teurer werden. Teuerung = Inflation.

Der Weg des vollständigen Währungsverfalls ist allen Sozialstaaten vorgezeichnet. Die durchschnittliche Preissteigerungsrate in den Industriestaaten des Westens lag am Ende der 70er Jahre bei 14 Prozent. Das bedeutet: im Durchschnitt wird alles in jeweils 5 Jahren doppelt so teuer. Alle 5 Jahre fällt der Wert der Landeswährung auf die Hälfte.

Selbst wenn wir nur eine Inflation von 7 Prozent nehmen, halbiert sich der Wert der Währungen alle zehn Jahre. Selbst der Wert der angeblich so »stabilen« D-Mark hat sich in knapp 12 Jahren halbiert: von einer Mark sind 50 Pfennige übrig geblieben.

Und hier erscheint er schon wieder, der Staat. Denn einen Schuldner erfreut nichts mehr, als wenn er sieht, daß das Geld, das er zurückzahlen muß, ständig weniger wert wird. Nehmen wir nur die schon erwähnte erste Zierde des Frankfurter Börsenkurs-Zettels, die Bundesanleihe von 1963, die bis 1983 getilgt sein muß. Von dem Geld, das ein Sparer dem Staat 1963 zur Verfügung gestellt hat, sieht er 20 Jahre später gerade noch 40 Prozent wieder. Der 1000-Mark-Schein, den er 1963 in die Bundesanleihe gesteckt hat, ist nur noch 400 Mark wert. Denken Sie nur mal, wieviel Anzüge, Benzin, Flaschen Asbach man 1963 kaufen konnte, und was die Sachen heute kosten...

Sie merken schon, worauf das Ganze hinausläuft: die Inflation ist die perfideste Form des Staatsbankrotts. Eine ausgemachte Sauerei. In der Inflation gehen alle unter, die auf feste Zahlungsversprechen gebaut haben oder sogar davon leben, wie Rentner oder Pensionäre. Ein mittlerer Angestellter, der ein Leben lang gearbeitet hat, ohne Sozialversicherung, ging 1960 mit 1000 Mark Pension in Rente. Damals konnte er hervorragend davon leben. Erst etwa zehn Jahre später verdiente ein Industriearbeiter diesen Betrag netto. Aber heute?

Der Staatsbankrott per Inflation wird vom Staat natürlich hervorragend *getarnt*. Es gibt überhaupt kein Argument, das die Politiker nicht erfinden, um die Schuld an der Inflation weit von sich zu weisen. Da sind die Preise in anderen Ländern höher, die Inflation wird also »importiert«, so wie man nichts gegen die grenzüberschreitende Maul- und Klauenseuche machen kann. Oder es werden die Unternehmer wegen »Preistreibereien« verteufelt. Besonders hat sich der Staat dabei auf Auto- und vor allem Benzinpreise kapriziert. Wenn der Preis für einen Liter Super um zwei Pfennige nach oben geht, dann rufen die Minister die Autofahrer zum »Boykott der Multis« auf. Dabei war dies nur eine Preiserhöhung von 1,4 Prozent. Wenn der Staat im gleichen Monat Mitte 1982 das Porto für einen Inlandsbrief von 60 auf 80 Pfennige erhöht, was immerhin 33,3 Prozent sind, stellt sich kein Mensch vor das Postamt und ruft »Boykott!«

Die vom Staat betriebene Gehirnwäsche läuft also perfekt. Obwohl es immer und überall nur eine Inflationsquelle geben kann, nämlich die vom Staat betriebene Geld-Fabrikation, werden die steigenden Preise den *Bürgern* in die Schuhe geschoben. Wir hätten da eine »Anspruchsmentalität« entwickelt, seien »maßlos« geworden. Als die dritte deutsche Inflation dieses Jahrhunderts in den 60er Jahren begann, rief der Bundeskanzler Erhard auf zum »Maß halten!« Wer nicht Maß gehalten hatte und nicht Maß halten kann, wer daher immer größere Schulden machen und mit immer höheren Summen frisch produzierten Geldes »finanzieren« muß, aber ist der Staat. Seit den Gründerjahren der Bundesrepublik Deutschland haben sich die privaten Ausgaben der Bürger etwa verzehnfacht. Die Ausgaben der Staaten aber haben sich mehr als verzwanzigfacht.

Staatsbankrott per Inflation hat es in diesem Jahrhundert in Deutschland schon zweimal gegeben: 1923 und 1948. Was 1923 geschah, wird »Hyper-Inflation« genannt, was 1948 geschah heißt »Währungsreform«. Das sind schöne und treffende Worte, sie geben aber nicht den Kern der Sache wieder. Denn 1923 und 1948 war beide Male *Staatsbankrott*. Der Staat hat sich durch eine Inflation bzw. einen Währungsschnitt (1:10) seiner alten Schulden mit einem Strich entledigt. Gerade das uns näher liegende Ereignis »Währungsreform« ist typisch für den Staat. Da verschwinden über Nacht dreistellige Milliarden-Beträge an Staatsschulden, aber weder das Wort »Schulden«, noch das Wort »Bankrott« noch gar das Wort »Staat« als des Alleinschuldigen erscheint irgendwo. »Währung«, das ist so etwas Gültiges, Positives und »Reform« erst recht.

Zu Beginn der 1980er Jahre kam wieder das Gerede von einer neuen »*Währungsreform*« auf. An sich ist eine Währungsreform wörtlich genommen etwas völlig Neutrales: Neues Geld tritt an die Stelle von altem Geld oder man läßt beim alten Geld einfach eine oder zwei Nullen weg (wie die Franzosen in den 60er Jahren »neue« Francs geschaffen haben, indem alles um eine Stelle nach rechts über das Komma weg rutschte). Vor einer Währungsreform als solcher braucht kein Mensch Angst zu haben; ihre ganzen Kosten bestehen darin, daß man neue Geldscheine drucken und die Preisschildchen auswechseln muß.

Der Witz bei der deutschen Währungsreform war eben ein anderer: Es war ein Staatsbankrott. Das heißt: alle Leute, die dem Staat Geld gepumpt hatten, standen vor dem Nichts. Mit dem alten Geld verschwanden auch die alten Schulden.*)

---

*) Einiges wurde über ein »Lastenausgleichs«-Verfahren wieder anerkannt und umgelegt.

Was die Menschen fürchten, wenn Sie das Wort »Währungsreform« hören, ist nicht die Geldumstellung, also wenn statt »Deutscher Mark« plötzlich »Bundesdeutsche Mark« umlaufen. Sondern sie fürchten sich als Gläubiger: daß sie wieder alles verlieren, nämlich das Geld, das sie anderen, und ganz speziell dem Staat, geliehen haben.

Eine Währung, die einmal inflationiert wird, muß immer weiter inflationiert werden. Auch das ist leider ein Naturgesetz. Es liegt wieder in der Natur des Staates begründet. Zum einen muß der Staat, wie wir oben gesehen haben, immer mehr Schulden machen. Zum anderen aber sind die Folgen einer Rücknahme der Inflation so grauenhaft, daß sie über kurz oder lang wieder auf vollen Touren laufen muß. Einer inflationierten Volkswirtschaft geht es wie einem Heroin-Süchtigen. Die Dosierung muß ständig gesteigert werden, bis es zum Kollaps kommt. Wird die Droge abgesetzt, schlägt der Süchtige wild um sich.

Dieses Umsich-Schlagen bedeutet in der Volkswirtschaft: *Massenarbeitslosigkeit.* Der Nobelpreisträger für Wirtschaft, Professor Friedrich von Hayek, hat dies in einer klassischen Analyse erklärt:*)

Inflation machen heißt zusätzliches Geld drucken. Mit dem Geld wird irgendwo etwas gekauft, das ohne Inflation nicht gekauft worden wäre. Dadurch entstehen »Arbeitsplätze«, die ohne Inflation dort nicht entstanden wären. Nun muß die Inflation im-

---

*) »Unemployment and Monetary Policy«, Cato Paper No. 3, San Francisco 1979.

mer weiter gehen, denn sonst müßten die Arbeitsplätze wieder verschwinden. Stoppt der Staat dann
tatsächlich einmal die Inflation, gibt es sofort großes
Geschrei, denn die Arbeitsplätze sind futsch.

Das ist wie mit einer Kompanie Soldaten, die in
einen kleinen Ort verlegt wird. Die Soldaten brauchen Brot und Fleisch. Also stellen der Bäcker und
der Fleischer neue Gesellen ein. Dann ziehen die
Soldaten wieder ab. Die Gesellen müssen entlassen
werden.

Inflation ist nun nicht etwa nötig, um überhaupt Arbeitsplätze zu schaffen, wie einige immer wieder behaupten. Im Gegenteil: Inflation vernichtet schon,
wenn sie entsteht, Arbeitsplätze, weil die Unternehmer mit »Sachwerten« leichter Geld verdienen als
mit der Produktion (siehe oben). Und wenn die
durch Inflation in Teilen der Wirtschaft künstlich
hochgepäppelte Beschäftigung zusammenbricht,
weil nicht weiter inflationiert wird, dann wird das
Problem der Arbeitslosigkeit immer gigantischer.
Das Problem wird noch durch die Gewerkschaften
verschärft, die verhindern, daß die Löhne sinken,
daß also wieder mehr Leute eingestellt werden.

Da steht nun der Staat, mitten in den 80er Jahren,
und hat Millionen von Arbeitslosen um sich herum,
die er durchfüttern muß. Eine Lohnsenkung kann er
nicht befehlen, die Gewerkschaften auflösen kann er
auch nicht. Also muß er versuchen, das ganze über
»mehr Nachfrage« zu lösen, er subventioniert die
Arbeitsplätze dadurch, daß er dann doch wieder – allen guten antiinflatorischen Vorsätzen zum Trotz –
Inflationsgeld in die Wirtschaft »pumpt«. Die Infla-

tion geht weiter, erst in Schüben, und dann immer weiter. Erst heißt es »5 Prozent Inflation sind mir lieber als 5 Prozent Arbeitslose« (Helmut Schmidt). Dann muß man sich korrigieren: »Zehn Prozent Inflation ist mir lieber als zehn Prozent Arbeitslose«. Alsbald wird man auch das beides haben, und so weiter. Die Inflation wird sich beschleunigen, bis die Währung vollends verfällt.

Jedes Prozent Preissteigerung ist ein Prozent Senkung der Staatsschuld. Steigen die Preise aufs doppelte, vermindert sich die Staatsschuld auf die Hälfte. So einfach ist das mit dem Staatsbankrott per Inflation. Wenn eines Tages die Währung wieder ausgelaufen ist, kann der Staat die Schulden in »altem« Geld aus der Westentasche zurückzahlen. Oder er ist so gütig und erkennt einen Teil in »neuer« Währung an. Das bildet dann den Grundstock für die sofort wieder startende, neue Staatsverschuldung und den nächsten Staatsbankrott.

Staatsbankrott und Inflation

Inflationen beginnen nicht aus dem Stand. Sie müssen sich vielmehr erst »warmlaufen«. Selbst wenn ein Staat zynisch und klar voll auf eine Inflation abstellt, muß er wenigstens warten, bis das neue Geld gedruckt ist, das er unters Volk bringen will. Dann muß das Geld ausgegeben werden, die zusätzliche »Nachfrage« muß erst »wirken«. Die Firmen fahren erst noch zu den alten Preisen ihre Produktion hoch. Erst wenn die Kapazitäten ausgelastet sind, werden die Preisschilder ausgewechselt.

In dieser *Anlaufphase* der Inflation, bevor also die beschleunigte Geldentwertung richtig Tritt gefaßt hat, entstehen bereits größte Probleme für den Staatshaushalt. *Es kommt durch die* (noch »kleine«) *Inflation bereits zur Gefahr des Staatsbankrotts.* Und zwar so:

Nehmen wir an, die Staatsausgaben liegen bei 100 Milliarden, die Staatseinnahmen bei 80 Milliarden. 20 Milliarden sind die »übliche« Verschuldung. Und: Wir haben 10 Prozent Inflation.

Da die Inflation die Einnahmen- und die Ausgabenseite in etwa gleich betrifft, werden aus den geplanten 100 Milliarden Mark Staatsausgaben am Ende 110 Milliarden Mark, aus den 80 Milliarden Staatseinnahmen werden 88 Milliarden.

Statt der ursprünglich veranschlagten 20 Milliarden, um die sich der Staat zusätzlich verschulden muß, sind durch die Inflation 22 Milliarden geworden (110 minus 88 Milliarden). Die zwei Milliarden zusätzlich »erforderliche« Verschuldung werden üblicherweise durch zusätzlich fabriziertes Geld »gedeckt«, was die Inflation weiter anheizt. Im folgenden Jahr wird also das Loch automatisch größer – allein durch die Tatsache, daß *Inflation ist.*

Zusammenfassung

1. Wie jeder Schuldner verkennt auch der Staat die verheerende Wirkung von **Zins und Zinseszins.** Zum Beispiel, daß ein nur **siebenprozentiger** Zinseszins die Schulden sich alle **zehn Jahre verdoppeln läßt.**

2. Beim Weg in den Bankrott passiert der Staat **vier Stationen:** Keine Rückzahlung der Schulden; immer kurzfristigere Aufnahme von Schulden; vergeblicher Versuch, mit Hilfe von Steuererhöhungen die Schuldenaufnahme zu begrenzen; das Schlagen der Zinsen zur Schuld.

3. Jeder Staatsbankrott verläuft zunächst **in Raten,** wobei die **Finanzsphäre** ausgeklammert bleibt. Danach aber kommt es immer zum **Voll-Bankrott:** nicht nur die **Leistungs-**Verpflichtungen werden mißachtet, sondern auch die **Zahlungs-**Verpflichtungen.

4. Die perfideste Form des Staatsbankrotts ist die **Inflation.** Inflation ist immer **Währungsverfall,** der definitionsgemäß nur von dem initiiert werden kann, der feststellt, was »**Währung**« ist, also **immer nur vom Staat.**

5. In ihrer »**Anlaufphase**« führt jede Inflation zunächst zu **höherer Staatsverschuldung.** Was wiederum zu **noch mehr Inflation** und endlich zum **Staatsbankrott** führt.

Das Tableau

STAATSBANKROTT – Wie die einzelnen Phasen ablaufen

Stichwort oder „Leitfossil"	Zeitraum und historische Beispiele	Was machen die Politiker?	Wie ist das mit den Steuern?	Staatsanteil und Wachstumsraten?	Staatswirtschaft und Staatsschulden	Gesellschaftliche Merkmale
Nachtwächterstaat, junge kapitalistische Länder in Südostasien	19. Jahrhundert. Nachkoloniale Ära	Einfache Sicherheitspolitik ohne Umverteilung. Kein Sozialstaat	Niedrig, geringer Staatsbedarf	Staatsanteil um oder unter 10 Prozent. Wachstumsrate hoch	Einnahmen decken die Ausgaben fast; Kredite nur selten und für „außerordentliche" Zwecke (Kriege)	Straff gegliedert, starke feudale Züge, meist noch Monarchien
Frühbürgerlicher Umverteilungsstaat; Beginn von Sozialversicherungen	Spätes 19. Jahrhundert (Deutsches Reich)	Patriarchalisches Pro-Arbeiter-Programm	Gelegentliche Progression Satz: nicht über 10 %	Staatsanteil zwischen 10 und 20 Prozent Wachstumsraten meist noch zweistellig	Schulden fundiert und geordnet, Staatsanleihen gelten als Witwen- und Waisenpapiere („mündelsicher")	Konservative Gesamthaltung; Geschäftliche Tugenden werden anerkannt („Kommerzienrat")
Entdeckung der „Wirtschaftsbeeinflussung" durch den Staat; „Konjunkturpolitik"	Zwischenkriegszeit; 1950er und 1960er Jahre	Erklären, daß sie die Wirtschaft „steuern" können	Sehr hohe Grenzsätze Zuschläge wegen der „Konjunktur"	Staatsanteil steigt sprunghaft an, Wachstumsraten in Zeiten erster Ankurbelung hoch („Ar-	Finanzierung von Staatsprogrammen über die Notenpresse („Mefo-Wechsel") bzw. durch Notenbank-	Kritische Stimmen gegen „Kapitalismus": Vermögensaufstellungen (Arme contra Reiche)

178

Staat geht nun als „großer Meister" in die vollen; bestimmt mehr und mehr Lebensbereiche	Ab Beginn der 1970er Jahre	Erklären, Staatsausgaben dienten dem Wachstum und der allgemein gewünschten „Sicherheit" für alle	Haben die höchste Belastung erreicht Steuerwiderstände stärker (Schwarzarbeit)	Staatsanteil geht an die 50-Prozent-Marke Wachstumsraten werden immer kleiner („Nachholbedarf gedeckt")	Unterstützung („Zinssenkung", Arbeitsbeschaffungsprogramme"), fehlende Marktkontrolle von öffentlichen Arbeiten (Autobahnen)	Höhepunkt des Ansehens von Beamten, Professoren, Politikern („Macher"). „Belastbarkeit der Wirtschaft testen"
Staatsausgaben haben sich verselbständigt, Politiker laufen finanziell ihren Programmen nach	Ende der 70er Jahre	Erklären sich zu Gefangenen ihres Systems; man muß so weitermachen, da sonst „soziale Besitzstände" abgebaut werden (Soziale Demontage)	Werden immer wieder erhöht ohne Mehrerträge zu bringen" (Schnaps, Tabak)	Wachstum stagniert bei gleichen Staatsausgaben: Staatsanteil steigt jährlich entsprechend schnell an		Abfluß von Kapital. Überstarke Gewerkschaften. Arbeitnehmerfreundliche Arbeitsgerichte

Versuch, die Staatsausgaben („ausufernd") zu begrenzen	Anfang der 80er Jahre	Erste „Sparpläne". Scharfe Auseinandersetzungen um „Kürzungen" (= nur relativ geringere Steigerungen)	Diskussion, die „Besserverdiener" zu packen	Null-Wachstum, teils sogar sinkende Raten	Kumulative Neuverschuldung; Kapitaldienst nur noch zum Teil aus Steuern finanzierbar	Allgemeine Lustlosigkeit; Pessimismus. Unternehmer geben auf (Pleitewellen)
Zauberlehrlings-Effekt Man kann nichts mehr machen Warten auf Wunder	Mitte der 80er Jahre	Aufruf zu „Opfern", die gleich verteilt werden sollen	Letzte Versuche: Steuerfahndung, Quellenabzugssteuern	Staatsanteil steigt auf 60/70 Prozent, da festliegende (Gesetz!) Ausgaben bei Null-Wachstum	Zinsen können nur noch durch Neuverschuldung bezahlt werden	Ruinierter Kapitalmarkt; Ersparnisbildung geht rapide zurück.
Attentismus: Entschlußlosigkeit	Ende der 80er Jahre	Perspektivlosigkeit. Kleinkrieg um Nichtigkeiten	Gehen zurück	Unproduktive (Transfer-) Ausgaben töten jedes Wachstum im Keim	Explodierende Staatsverschuldung, da Zinsen immer höher steigen Staatsbankrott	Zynismus: Staat ist am Ende; kann bald nicht mehr zahlen.

Wann kommt der Staatsbankrott bei wem?

Die Überlebens-Chancen westlicher Industrie-Nationen

Dieser Staat	hat mehr Schulden als Staatseinnahmen	nimmt bereits Schulden auf, um Zinsen zu zahlen (Point of no return)	erreicht den Point of finish (Steuern = Zinsen) im Jahre	geht wahrscheinlich schon in diesem Jahr bankrott	kann in die Inflation fliehen
Dänemark	ja (1,3) *	ja (0,07) **	1989	1983/84. Im Lande wird schon offen vom Staatsbankrott gesprochen	Ja, hilft aber nichts, da hohe Auslandschulden
Schweden	ja (1,3)	ja (0,36)	1992	1986/88. Hat Probleme, im Ausland Kredite zu bekommen	Wie Dänemark
Italien	ja (1,6)	ja (0,71)	1992	1986/88	Es droht völliger Währungsverfall ***
Großbritannien	ja (1,8) *****	ja (0,12)	1996	1988/92. Sehr starkes Kapitalaufkommen. Pfund ist „Devise"	Ja; derzeit Austerity-Phase

Land			Jahr		Antwort
Österreich	ja (1,2)	ja (0,5)	1998	1986/88.	Ja
Belgien	ja (1,3)	ja (0,6)	1998	1986/88	Ja
Frankreich	nein (0,9)	ja (0,66)	2008	1990/95. Die Sozialisten hatten nur sehr geringe Altschulden übernommen	Ja; derzeit voll im Gange
Bundesrep. Deutschland	ja (1,3)	ja (0,26)	2012	1986/88. Der finanzielle Verfall der öffentlichen Finanzen ist derzeit am größten	Nein; Bundesbankgesetz!
Niederlande	ja (1.4)	ja (0,31)	2015	1988/90	Ja
Kanada	ja (1,0)	nein (1,16). Wird den Point 1982/83 erreichen	2020	1990/92. Ebenfalls ruckartiger finanzieller Verfall	Ja, aber ähnlich wie Schweden
Japan	nein (0,8)	nein (1,7)	2025	Nach 2 000. Trotz starker Neuverschuldung sehr hohe	Ja; derzeit Stabilitätsphase

Vereinigte Staaten	ja (1,5)****	nein (1,06)	2030	Wachstumsraten und Steuermehreinnahmen Nach 2000. Alles hängt von der Auswirkung der Reaganschen Steuerpolitik ab. Kommt es nicht zum Haushaltsausgleich kann eine Vertrauenskrise in Wall Street jeden Tag ausbrechen	Ja; derzeit Austerity-Phase
Schweiz	ja (1,1)	nein (1,12)	2050	Nach 2000. Die Zinsbelastung ist wegen des niedrigen Zinsniveaus minimal	Nein; Staat hat keinen Zugang zur Notenbank

---

* Zahl in Klammern: Schulden geteilt durch Staatseinnahmen des letzten verfügbaren Haushaltsjahres; ** Zahl in Klammern: letzte Steuer*mehr*einnahmen geteilt durch die Zinsen der Staatsschuld; *** eine Lira war bis zum Weltkrieg so viel wert wie ein Schweizer Franken; **** Großbritannien und die USA tragen noch einen großen Sockel Staatsschulden bis zurück zum 19. Jahrhundert ab.

Die Galerie

Von Hannibal bis Jaruszelski

»Wenn Staatsschulden einmal bis zu einem gewissen Grad angehäuft sind, so läßt sich, glaube ich, kaum ein einziges Beispiel für ihre richtige und vollständige Bezahlung anführen.

Die Erleichterung der öffentlichen Finanzen, wenn sie überhaupt jemals erreicht wurde, konnte immer nur durch einen Bankrott herbeigeführt werden, mehrfach durch einen offen erklärten, immer aber durch einen tatsächlichen Bankrott, auch wenn dabei behauptet wurde, es sei zurückgezahlt worden.«

Adam Smith, 1776

Staatsbankrott und Kriegsgeschrei

Wenn man über den Staatsbankrott redet, heißt es immer: »Jaaa, aber so etwas gibt es doch nur im Kriege.«

Nun läßt sich nicht bestreiten, daß die allermeisten Staatsbankrotte der Geschichte im unmittelbaren Zusammenhang mit kriegerischem Getümmel standen. Entweder einer kriegsführenden Partei ging das Geld aus oder der Verlierer mußte sich nach einer Niederlage per Bankrott entschulden und erklärte seine Schuldtitel für nicht mehr existent oder ungültig.

Doch es gibt auch zahlreiche Beispiele von Staatsbankrotten mitten im tiefsten Frieden. So hatten die königlich-französischen Staatsbankrotte im 18. Jahrhundert ihre Ursache in maßloser Verschwendung des Hofes, während der folgende Staatsbankrott der jungen französischen Republik das Resultat von übersteigerten Staatsausgaben der neuen Herren zum Zwecke der Volksbeglückung war. Zwischen 1820 und 1916 machte der südamerikanische Staat Kolumbien insgesamt 13 Mal bankrott, ohne daß dafür Kriege ausschlaggebend gewesen wären. 1815 machte das Königreich Westfalen bankrott, indem der König, ein Bruder Napoleons einfach außer Landes ging und sich niemand fand, der die Schulden dieses Herren, der aufgrund seines fabelhaften Lebensstils den Namen »König Lustick« trug, übernommen hätte. Ein anderer König in Deutschland war Ludwig II. von Bayern, der mit seiner Bauwut zahlungsunfähig wurde, was freilich nicht in einen allgemeinen Königlich-Bayerischen Staatsbankrott mündete, weil sich Ludwigs Minister weigerten, die Schulden in den allgemeinen Haushalt zu übernehmen.

In der unmittelbaren Gegenwart treten Staatsbankrotte ein, gerade weil die Staaten statt Kriege zu führen, möglichst viel für die Bevölkerung tun wollen, und gewaltige Projekte starten. So machte die Türkei bankrott sowie das Entwicklungsland Kongo. Dann natürlich die Ostblock-Staaten, voran Polen, das seine Gläubiger mit 30 Milliarden Dollar im Stich ließ. Dann die südamerikanischen Staaten Mexiko, Argentinien, Kolumbien, Peru, usw. Und schließlich haben wir da das Königreich Dänemark, das seit Menschengedenken keinen kostspieligen Krieg mehr geführt hat, und das dennoch dem Staatsbankrott zutreibt, erklärte doch der dänische Sozialdemokrat Henning Jensen, der Vorsitzende des Finanzausschusses des Parlaments im Juli 1982: »Unsere Staatsschulden haben ein derartiges Ausmaß angenommen, daß es unsicher erscheint, ob alle Staatsanleihen zu geltenden Bedingungen zurückgezahlt werden können.«

Für den Staatsbankrott kommt es nicht darauf an, was ihn letztlich verursacht. Einem Geldschein sieht man auch nicht an, woher er kommt und wohin er geht. Ob er aus einer Branntweinsteuererhöhung stammt oder aus einer staatlichen Schuldschein-Operation. Ob er für 10 000 Liter Sprit für Übungsflüge der Luftwaffe ausgegeben wird oder für 10 000 Liter Heizöl, das eine Gemeinde ihren bedürftigsten

Bürgern bei Winteranbruch im Rahmen der Sozialhilfe schenkt.
Ich werde jetzt etwas besonders Empörendes machen, und zeigen, daß es – wirtschaftlich und finanziell – keinen Unterschied gibt zwischen einer kriegs-
lüsternen Militär-Diktatur und einem der allgemeinen Solidarität verpflichteten Wohlfahrtsstaat.

So ruinieren sich beide:

Die Militär-Diktatur Der Wohlfahrts-Staat

Steuern:

Vor allem *die Reichen* sollen zahlen; ihr Vermögen wird vom Militär am meisten »geschützt«.

Vor allem *die Reichen* sollen zahlen; sie sind »leistungsfähiger«, haben die »kräftigeren Schultern«.

Wenn der Staat mit der Besteuerung der Vermögen nicht mehr auskommt, werden die *indirekten Steuern* erhöht. Das verteuert die Nahrungsmittel, was zu Unruhe im Volke führt, wogegen dann Truppen eingesetzt werden.

Alsbald müssen auch dort die *Verbrauchssteuern* erhöht werden. Der Staat lenkt die Proteste aber in Bereiche, die er nicht zu verantworten scheint, z. B. wird auf Benzinpreise abgelenkt.

Staatsausgaben:

Personell für Soldaten, die *nicht arbeiten,* also kein Sozialprodukt erstellen. Sie müssen sich auch nicht im Markt bewähren, so daß man »schlechte« Soldaten entlassen könnte, was den Staat finanziell entlasten würde. Soldat ist, wer ein *bestimmtes Alter* hat.

Personell für »sozial Schwache«, die *nicht arbeiten,* also kein Sozialprodukt erstellen. Sie müssen auch nicht konkurrieren, darum, wer der »Schwächste« ist, was dem Staat die Sorge für weniger Schwache nähme. Sozial schwach ist, wem *bestimmte Einkommen* nicht nachgewiesen werden.

Sachlich für Militäreinrichtungen, Kasernen, Geräte, Munition, Uniformen. Diese Sachausgaben sind *reiner Konsum,* haben also keine investive Wirkung: man kann damit also *nichts produzieren.*

Sachlich für Sozialeinrichtungen, Begegnungsstätten, Altersheime, Sozialwohnungen, Kleidungsbeihilfen. Mit diesen Ausgaben kann nichts produziert werden, sie sind *verlorener Staatskonsum.*

Staatsanteil

Steigt schnell an, es kommt zu einer »Militarisierung« des ganzen

Steigt schnell an. Eine große *Umverteilungs-Bürokratie* ergreift im-

Lebens. Eine spezielle *Militär-Bürokratie* entsteht und hemmt den freien Wirtschaftsfluß. Die Unternehmer werden in Mehr-Jahres-Pläne verpflichtet, verlieren immer mehr die Lust.

mer mehr Lebensbereiche (Kindergeldämter, Wohngeldämter, Studienplatzämter). Die Unternehmer müssen immer höhere Sozialabgaben leisten und sehen, wie immer weniger für immer mehr Geld gearbeitet wird. Hören auf.

Wachstum:

Mit der Produktivität geht auch das Wirtschaftswachstum immer *weiter zurück*. Auf »Befehl« wird nicht gern gearbeitet.

Das Wachstum der »reifen« Volkswirtschaften *sinkt*. Die Tüchtigen sehen ihre »Leistung« immer weniger als lohnend an.

Staatsschulden:

Steigen immer schneller an. Immer neue Waffensysteme verschlingen immer größere Summen. *Neue Truppenteile* werden aufgebaut.

Steigen und steigen. Immer neue »soziale Programme« müssen finanziert werden, immer *neue Schichten* von »Anspruchsberechtigten« entstehen.

Inflation:

Steigt mit den Staatsschulden. Immer neue

Steigt mit den Staatsschulden immer weiter.

191

Inflationstricks werden erdacht. Im 30jährigen Krieg entdeckten die »Kipper« und »Wipper«, daß man an den Münzrändern unbemerkt Edelmetall abfeilen konnte.

Zu den neuen inflationären Finanztricks des Sozialstaats Bundesrepublik Deutschland gehörte in den 1980er Jahren die Ausschüttung eines »Bundesbank-Gewinns«, der aufgrund der inflationär hohen Zinsen entstanden war.

Das wirtschaftliche Ergebnis, und das heißt für die Staatsfinanzen das finanzielle, ist in beiden Fällen gleich. Die Militär-Diktatur absorbiert eines Tages einen so großen Teil des Sozialprodukts, daß sie ihre Existenz nur noch in immer neuen Super-Inflationen retten kann; beim Sozialstaat sieht das nicht anders aus. Beide Male schreibt der Staat ein gesellschaftliches Programm vor (»Militarisierung«, »Sozialisierung), das nicht durchzuhalten ist. Der Staatsbankrott ist in beiden Fällen die letzte Konsequenz.

Die Staatsbankrotte bis zur Gegenwart

»Für Staatsbankrotte im Altertum«, schreibt Professor Alfred Manes, »fehlt es keineswegs an Belegen, doch scheint der Staat in jenen alten Zeiten fast immer durch Münzverschlechterungen sich aus der Verlegenheit geholfen zu haben, den Bankrott also

nicht offen erklärt, sondern ihn nicht ungeschickt be-
mäntelt zu haben.«

Bei solchen Staatsbankrotten per Inflation, was
Münzverschlechterung bedeutet, setzt der Staat immer auf die intellektuelle Trägheit der Bürger, die
immer noch glauben, eine Währungseinheit im Zeitpunkt 1 sei die gleiche Währungseinheit im Zeitpunkt 2, obwohl sich der Wert, die Kaufkraft, der
Währungseinheit in der Zwischenzeit verschlechtert
hat. Inflationen sind eine Spekulation auf das Erin-
nerungsvermögen: »Das ist doch dasselbe Geld wie
früher, da steht doch dasselbe drauf.« Würde der
Staat gesetzlich gezwungen, jedes Jahr neue Banknoten auszugeben (ohne die alten dabei einzuzie-
hen), würde sich für die neuen logischerweise immer
ein Wert-Abschlag gegenüber den alten im Umfang
der jeweiligen Inflationsrate ergeben.

Die Römer wandten das System der Münzverschlechterung (Inflation) in den Kriegen gegen den
punischen Feind an, der von Karthago aus das Mit-
telmeer erobern wollte und mit seinem genialen
Feldherrrn Hannibal die Römer an den Rand der
Katastrophe brachte. Um die punischen Kriege zu finanzieren, setzten sie den Kupfergehalt ihrer zentralen Münzeinheit, des As, von 12 auf 2 Unzen herab.
Manes: »So konnte die römische Republik mit einem
Sechstel des Kapitals ihre Schulden zurückzahlen.«
Dieser famose Trick mit der gleichen Münzbezeich-
nung (»Bitte, hier haben Sie Ihr As zurück, was wollen Sie eigentlich? Steht doch deutlich drauf: 1 As!«)
gelang umso leichter, als die römischen Kriegsanlei-
hen vor allem von den Reichen gezeichnet worden

waren, das einfache Volk war noch zu arm, um Ersparnisse zu haben, es war vielmehr, wie der Staat, bei den Großgrundbesitzern verschuldet. Eine Sechstelung aller Schulden per Staatsbankrott (übrigens genauso eine »Währungsreform« wie 1948) war also jedermann willkommen, schon um damit die verhaßten Reichen zu bestrafen.

Auch eine moderne Form der Staatverschuldung, die »ewige Rente« findet sich schon im Altertum, mit anschließender Nicht-Rückzahlung der Schuld natürlich. Diese Rente sah vor, daß man dem Staat einen bestimmten Betrag bezahlt, der dann jedes Jahr einen festen Zinssatz dafür ausgibt, ohne das Kapital jemals wieder zurückzuzahlen. Wer sein Kapital zurückhaben möchte, muß sich an einen anderen Sparer halten, der so eine Rente sucht und ihm den Anspruch verkauft. Mit den ewigen Renten hat sich vor allem Frankreich im 18. Jahrhundert über Wasser gehalten, doch eine Inschrift aus Milet berichtet schon, daß die Bürger aufgerufen wurden, 3 000 Drachmen zu zeichnen, 2 000 Drachmen seien sofort zu zahlen, der Rest am Jahresende. Dafür zahlt die Stadt dann 10 Prozent Zinsen – monatlich. Der Zins konnte nicht aufgehoben oder herabgesetzt werden. Heute sucht man die Behörde in Milet, die die zehn Prozent Zinsen zahlt, ebenso vergeblich, wie die Pariser Präfektur, die noch die »ewigen« Renten der französischen Könige bedienen würde.

Der Einwand, das sei doch schon so lange her, ist leichtfertig. Denn die Münzen, die damals die Mileter ihrem Staat gegeben haben oder die Livres, mit denen die Franzosen ihrem Staat im 18. Jahrhundert vertrauten – die gibt es doch noch, zumindest als Edelmetall. Das wurde doch nicht aufgebraucht. Was verschwand, ist nur der *Anspruch an den Staat* aus dem Geschäft. Hätten die Bürger ihr Geld behalten und schön immer weiter vererbt – es wäre heute noch Basis des Familienschatzes.

Da als Financier des Staates zunächst tatsächlich immer nur die Reichen in Frage kamen, ist die Zeit der Staatsbankrotte des Mittelalters und der beginnenden Neuzeit meist auch eine Zeit der daraus folgenden Privatbankrotte.

Solche privaten Bankrotte, weil die Staatsgläubiger dann mit leeren Händen ihrerseits die Gläubiger nicht befriedigen können, sind schon deshalb sehr lehrreich, weil in ihnen immer wieder das Wort »Bank« oder »Bankier« erscheint. Banken entstehen aus Staatsbankrotten, gehen unter mit Staatsbankrotten; das Verhältnis ist überaus eng, bis in die unmittelbare Gegenwart, wo die Staatsverschuldung, wie im Falle der Bundesrepublik Deutschland netto nur noch in direkten Bankkrediten gegen Schuldschein besteht.

Das Wort »Bankrott« kommt aus dem italienischen »Banca rotta«, das heißt: die Bank ist kaputt. Die Italiener waren im Mittelalter führend im Geld- und Kreditgewerbe, beim Wechseln, Zählen, Zahlungsversprechen. Banken brauchten damals keine großen Gewölbe oder Schalterhallen. Der Bankier trug das Seine fast immer mit sich: eine Brieftasche mit den »Briefen«, was nicht etwa Korrespondenzen mit der Liebsten waren, sondern »Wechsel-Briefe«, also Zahlungsversprechen anderer Bankiers, die man meist auf den großen Messen gegeneinander aufrechnete und kassierte. Dann gab es noch das Bargeld-Säckchen und das »Zahlbrett«, mit dessen Hilfe gerechnet wurde. Die einzelnen Währungen kannten nicht das bequeme Zehner-System, sondern Einteilungen in 12, 20, 30 oder 60 Untereinheiten. Um nicht mit komplizierten Brüchen rechnen zu müssen, was auch noch Tinte und teures Papier erfordert hätte, holten die Bankiers ihre Rechenbretter hervor, und schoben darauf Zahl-Steinchen solange hin und her, bis es stimmte. Mit dem Hin- und Herschieben von solchen Rechen-Steinchen arbeiten heute noch die Asiaten oder Behinderte, die das Rechnen lernen. Es ist der »Abacus«.

War nun ein Bankier zahlungsunfähig, ließ er seine Wechsel platzen, oder wechselte er in unterwertige Münze, wurde sein Rechen-Brettchen (die »Banca«) zerschlagen. Der Mann war »bankrott«.

Solche Bankrotte gab es natürlich nicht nur in den Laubengängen der Wechsler oder abseits eines Messe-Zeltes. Banken gingen auch in größtem Stil bankrott. Die größte Pleite des Mittelalters war die der beiden florentiner Bankhäuser der Familien Bardi und Peruzzi. Florenz war im 13. Jahrhundert, was Wall Street heute für die Welt ist: die Kapitale des Kapitals. Um 1250 führten die Florentiner eine neue Goldwährung ein, die erste nach den Inflationen und Staatsbankrotten des römischen Kaiserreiches. Die neue Währung hieß »Florenus«, die Münze aus Florenz, abgekürzt »fl.«, übersetzt der »Guldene«, weshalb noch heute der Gulden mit »fl.« bezeichnet wird.

Der Gulden wog etwas über 5 Gramm und war das Zahlungsmittel schlechthin. Bei den Bardi und Peruzzi sprachen regelmäßig auch die Abgesandten des englischen Königs Eduard III. vorbei, der Geld für seine Feldzüge in Frankreich brauchte. Insgesamt 900 000 Gulden pumpte sich der englische Staat bei den Bardi und 600 000 bei den Peruzzi. Dann stellte England 1345 die Zahlungen ein und mit einer Konkursquote von 1 : 10 gingen die Bardi und Peruzzi anschließend bankrott. Es war, wie der Chronist Villani schreibt, »die größte Katastrophe in der Geschichte von Florenz«.

Im gleichen Jahr, da in Florenz die beiden Superbanken krachten, entstand in Genua eine Bank – aus dem gleichen Grund: Staatsbankrott. 1345 war die Republik Genua zahlungsunfähig. Der Handelshistoriker Anderson schreibt: »Die Republik hatte sich bei ihren Bürgern so sehr verschuldet, daß vier von ihnen gewählt wurden, um sich dieser Schulden anzunehmen und den Schuldendienst der kommenden Jahre zu sichern.« Die Genueser Vier kamen auf eine brillante Idee. Sie erklärten die Staatsschulden kurzerhand zu Kapital einer »Bank zum Heiligen Georg«, an der nun jeder bisherige Staatsgläubiger Aktionär war. Die Bank erhielt das Recht, die Genueser Zölle zu kassieren, Konten zu führen, Einlagen anzunehmen, Kredit zu geben und so fort. Die Bank wurde von einem Aufsichtsrat von 100 Bürgern geleitet, die das Geschäft sehr gut verstanden: Der Staat erhielt hinfort nur noch Kredit, wenn er etwas von seinem Territorium oder Grundbesitz an die Bank überschrieb. »Zum Schluß«, schreibt Anderson, »waren die meisten Städte und Territorien Genuas an die Bank überschrieben.« Die Bank zum heiligen Georg mußte erst im Jahre 1800 schließen, nachdem die Franzosen die Tresore geplündert und den Kredit des Instituts zerstört hatten.

Die Genueser Lösung ist noch häufiger in der Geschichte anzutreffen. Nach meiner Überzeugung ist sie auch der einzige Ausweg, der uns aus dem Staatsbankrott der 1980er Jahre helfen könnte: *Übernahme des Staates durch eine Gruppe integrer Nicht-Politiker,* anschließende Konsolidierung der Staatsfinanzen, d. h. die nicht mehr rückzahlbaren Schulden werden in Ansprüche an eine große Holding übertragen, die das gesamte Staatsvermögen übernimmt. Der Staat wird also privatisiert, in seinen wesentlichen Teilen aufgelöst. Die Holding, die sich dann später aus Wettbewerbsgründen teilen muß, wird die Staats-»Geschäfte« fortführen.

Die Genueser Lösung wurde auch an einem besonders kritischen Punkt der englischen Geschichte durchexerziert: als man Ende des 17. Jahrhunderts die Bank of England gründete. Auch damals war der Staat vollständig bankrott und das Währungswesen zusammengebrochen. Der Chronist Haynes schreibt in einem Manuskript, das im Britischen Museum aufbewahrt wird: »Alle möglichen Papier-Kredite überfluteten das Land, wie Anweisungen, Briefe, Noten, Wertpapiere, Schuldscheine. Unser ganzer Reichtum, so schien es, bestand aus bißchen Gold, gefälschten Silbermünzen und einer Welt voll papierenen Summen. Noch nie hatte man vorher von solchen Summen von Zöllen und Abgaben gehört, die geschuldet wurden, von solchen Mengen nicht bezahlter Schuldscheine und Wertpapiere. Insgesamt gesehen hatten wir alle Symptome eines bankrotten, versinkenden Staates und einer untätigen Bevölkerung.« Haynes hätte aus einem der heutigen Sozialstaaten keinen anderen Bericht geben können.

Die englische Währung wurde kräftig abgewertet: eine Guinea von 30 Schillinge auf 26, dann noch einmal auf 22. Außerdem wurde neues Geld gemünzt, also eine klassische Währungsreform. Und dann wurden 1,2 Millionen Pfund Staatsschulden, die vor allem die Londoner Goldschmiede dem Staat geliehen hatten, und die mit £ 100.000,- pro Jahr zu verzinsen waren, zu »Kapital« der Bank von England erklärt, die besondere Rechte erhielt, damit sie funktionieren konnte: sie erhielt vor allem das Recht, mehr Kredite auszugeben, als sie selbst Kredite erhalten hatte, indem sie »Banknoten« ausgab, auf denen das berühmte Zahlungsversprechen zu lesen war, das heute noch drauf steht: »Ich verspreche, dem Einreicher dieser Note die Summe von (...) Pfund«. Doch gleich nach Eröffnung war die schöne neue Bank schon wieder pleite. Am 4. Mai präsentierten Londoner Goldschmiede eine große Anzahl Banknoten, die die Bank nicht in Edelmetall einlösen konnte. Die Banknoten fielen mit einem Schlag um 20 Prozent, die Staatspapiere bis zu 60 Prozent. Erst eine große Geldspritze der Volksvertretung konnte die Bank retten und den Staat sanieren.

Wie in Genua mußte also auch in England das Volk selbst Hand anlegen, damit es nach dem Staatsbankrott weiter gehen konnte.

Der Anspruch, »Geschichte könne sich nicht wieder-holen«, gilt für den Bereich von Geld, Währung und Finanzen *nicht*. Da muß sich die Geschichte sogar immer wiederholen, weil immer wieder Schulden ge-macht werden, die nicht rückzahlbar sind, weil der Schuldner die Mittel dafür einfach nicht mehr auf-bringen kann. Schuldenmachen ist absolut mensch-lich, ist für das kapitalistische System, wie wir oben gesehen haben, sogar zwangsläufig. Und genauso, wie private Schuldner krachen, gehen auch öffentli-che Schuldner pleite, wenn ihre Zeit gekommen ist. Für den kleinen Mann, der nicht mit in den Strudel gerissen werden möchte, kommt es nun darauf an, genau hinzuschauen und zu erkennen, wann so ein Staatsbankrott sich nähert, um rechtzeitig sein Geld in Sicherheit zu bringen.

Kein Staatsbankrott kommt überraschend. Das ist das Schöne an den Staatsbankrotten: man kann sie hundert Meilen gegen die Sonne erkennen, was bei privaten Bankrotten oft sehr schwierig ist, denn wer steckt schon in einer Bilanz eines Unternehmens drin, wer weiß welche Verbindlichkeiten der Vor-stand wirklich eingegangen ist?

Beim Staat ist das alles einfach. Weil die Steuern öf-fentlich ausgeschrieben werden und zur Zeichnung von Staatsschulden öffentlich aufgefordert wird, weil Haushalte und Haushaltsrechnungen veröffent-licht werden müssen, kann man sich alles in Ruhe ausrechnen: jedenfalls kann jeder sehen, wann die kritische Zone beginnt, ab der bereits *die Zinsen mit neuen Schulden* »gezahlt« *werden*. Dann kann es nicht mehr lange dauern.

Die Staaten sind gewiß nicht daran interessiert, daß ihre finanzielle Lage offen diskutiert wird, das hat überhaupt kein Schuldner gern. Aber, da der Staat seine Zahlen veröffentlichen muß, hat er keine andere Wahl, als hinzunehmen, daß sein sicheres Ende diskutiert wird, wie es mit diesem Buch geschieht.

Rußland, der »alte böse Bankrotteur«

Selbst Staaten, die es sich noch leisten konnten (oder heute leisten können), sich nicht in die Bücher blicken zu lassen, wurden, sobald ihre Überschuldung vorlag, unter dem Gesichtspunkt ihres kommenden Staatsbankrotts diskutiert. Ein schönes Beispiel ist der größte Staatsbankrott aller Zeite, der russische von 1918.

Rußland war, wie Rudolf Martin 1906 in seinem Buch »Die Zukunft Rußlands« schrieb, »ein alter, böser Bankrotteur... Die Methode, nach der der Russische Staat durch seine Bankrotte sein Publikum zu übervorteilen weiß, ist immer die gleiche. Er druckt Papiergeld oder Noten der Staatsbank, soviel er eben braucht. ...Milde, wie die Welt in solchen Dingen urteilt, nennt man dieses Verfahren lieber einen Zusammenbruch der Währung als einen Staatsbankrott«. Dies ist die alte Methode »Staatsbankrott per Inflation«, die schon die Römer gegen Hannibal entdeckt hatten und die in Deutschland zuletzt mit dem so hübsch als »Währungsreform« bezeichneten Staatsbankrott von 1948 praktiziert wurde.

Im 19. Jahrhundert machte Rußland per Inflation dreimal bankrott und Ende des Jahrhunderts wurde es wieder kritisch. 1894 hielt der deutsche Ökonom Wilhelm Roscher Vorlesungen, die jeder Professor auch heute wieder halten könnte: »Das Geld – so lehrte er – wandere nach Rußland und stärke die Macht des Russischen Staates, während der ausländische Gläubiger nur ein *Papier als Gegenwert* empfange, welches nur solange Gegenwert besitzt, als es dem Russischen Staate genehm ist« (Die Zukunft Rußlands). Der Trick des russischen Staates unter dem Zaren war der gleiche wie der Trick des russischen Staates unter der KPdSU: Der Hinweis auf die »natürlichen Schätze« des Landes, die man mit Hilfe der gepumpten Gelder nur heben müsse; dann würde das Geld mit reichlicher Belohnung zurückgezahlt. Doch trotz aller Schätze hatte die russische Regierung schon 1905 an deutsche Gelehrte den geheimen Auftrag vergeben, die Staatsbankrotte der Geschichte und ihre Auswirkungen zu untersuchen. Rußland wollte sich wieder einmal seiner »Last« entledigen, der kommende Staatsbankrott wurde offen diskutiert und Martin schrieb: »Rußland ist unermeßlich reich – diese Vorspiegelung einer falschen Tatsache verkörpert den größten Betrug der Kulturgeschichte.« Der Haushalt betrug 3,5 Milliarden Goldrubel, die Staatsschulden lagen bereits bei 6 Milliarden.

Die »Frankfurter Zeitung« (heute: FAZ) schrieb 1911 über die finanziellen Verhältnisse Rußlands: »Nach wie vor besteht die Korruption in der Verwaltung sowie das Fehlen der Kontrolle über die Finanzwirtschaft, die Fehlbeträge im Staatshaushalt, politische Unduldsamkeit und Nihilismus.« Die Sparer waren also reichlich vorgewarnt. Tatsächlich hatten die Deutschen zum Schluß nur für knapp zwei Milliarden Mark russische Anleihen gezeichnet, die Franzosen, vor dem Ersten Weltkrieg ganz spezielle Rußland-Fans, hatten für 27 Milliarden Goldfranken ins Faß ohne Boden gepumpt.

Der Krieg und die Notenpresse gaben dann den letzten Stoß. Am 3. Februar 1918 wurden alle russischen Schulden, auch die privaten, für die der Staat gebürgt hatte, für kraftlos erklärt. Der russische Staatsbankrott hatte auch gleich eine »soziale« Variante, die Professor Manes beschreibt: »Lenin und Trotzki (die bolschewistischen Revolutionäre, die seit Herbst 1917 die Macht hatten) haben 1918 verwirklicht, was St. Simon, Enfantin und andere Anhänger sozialistischer Gewaltrezepte für die Hebung des Proletariats gerade 100 Jahre vorher gefordert hatten: neben der Abschaffung des Erbrechts u. a. *eine ständige Steigerung, aber niemals eine Tilgung der Staatsanleihe,* um durch solche wie durch andere Mittel die Klasse der Müßiggänger zu enteignen zugunsten der Klasse der Arbeiter.«

Von Aha-Erlebnis der Elite zum Aha-Erlebnis des kleinen Mannes

Der russische Staatsbankrott durch Lenin und Trotzki 1918 war gewiß Teil des großen revolutionären Konzeptes der »Umverteilung«, in diesem Punkte läßt er sich allerdings heute nicht wiederholen. Die heutigen Staatsschulden sind, nicht bei »Müßiggängern« placiert, sondern in den breiten sozialen Schichten des Volkes selbst: als Bundesschätzchen, Kassenobligationen, Anleihen und vor allem angelegte Spargroschen, über die die Banken und Sparkassen verfügt haben, indem sie staatliche Schuldscheine kauften.

Der Staatsbankrott der 1980er Jahre wird also gerade beim »Arbeiter«, dem Lenin und Trotzki mit ihrem Staatsbankrott noch etwas bieten konnten, ein ganz besonderes Aha-Erlebnis wecken, wenn er feststellt, daß er nichts mehr hat.

Wie sehr sich darin der Charakter des Staatsbankrotts gewandelt hat, wie sehr er von einem elitären Privileg quasi zur Volksbewegung geworden ist, zeigt ein Blick zurück zum ersten Staatsbankrott, der Deutschland betroffen hat. Es war der Bankrott, den Kaiser Karl V. im 16. Jahrhundert einleitete und den, nachdem sich Karl vom dauernden Finanzdruck angewidert in ein Kloster zurückgezogen hatte, sein Sohn, Philipp II. vollendete.

Der sogenannte »spanische« Staatsbankrott (Philipp II. residierte im sonnigen Süden, wo er sich seinen Palast, den Escorial, baute) von 1557 löste eine ganze Batterie von Staatsbankrotten aus, die die süddeutschen Städte ebenso ruinierten, wie einst der englische Staatsbankrott Florenz. Die reichen Kaufleute und Bankiers von Augsburg und Nürnberg verloren nacheinander Hab, Gut, Ehre, Leben. Selbst die berühmtesten und (relativ) reichsten deutschen Bankiers, die es je gegeben hat, die Fugger, die heute noch eine feine Privatbank betreiben, hatten größte Mühe, nicht mit unterzugehen. Professor Richard Ehrenberg, dem wir zwei großartige Bände über Geldkapital und Kreditverkehr im 16. Jahrhundert verdanken, summiert: »Der Gesamtverlust, den die Fugger auf ihre Forderungen (durch die Staatsbankrotte) erlitten, ist mit acht Millionen Gulden Rheinisch gewiß nicht zu hoch beziffert.*)

Man wird kaum fehlgehen, wenn man annimmt, daß der größte Teil dessen, was die Fugger in hundertjähriger Arbeit verdient hatten, auf solche Weise wieder verloren ging...«

Dieser Gedanke, nach dem Staatsbankrott feststellen zu müssen, daß man »umsonst« gearbeitet hat, wird im kommenden Staatsbankrott genauso sein: der Arbeiter hat geschuftet und gespart, sich von seinen Ersparnissen Staatspapiere gekauft, und dann stellt er fest, daß sie nichts mehr gelten. Auch seine Arbeit war verloren.

Während Karl V. den Gedanken, den Staat bankrott gehen zu lassen, immer von sich gewiesen hatte, ließ sich Philipp II. gleich nach seinem Regierungsantritt Gutachten machen, die mit dem Ergebnis endeten, daß der König aufgrund der Heiligen Schrift den Kaufleuten jederzeit das Ihrige nehmen könne. Der spanische Vertreter der Fugger ahnte schon, daß »die Gesetze dahin gingen, wohin die Könige es wünschten.«

Und weil es der König wünschte, wurden den Kauf-

---

*) Kaufkraft heute: mindestens 500 Millionen Mark.

leuten die Einkünfte aus staatlichen Einkünften (Güter, Zölle, Steuern usw.), die seit Jahren als »Sicherheit« verpfändet waren, entzogen. Sie erhielten stattdessen fünfprozentige spanische Staats-Papiere (»Juros«), die der Staat einfach und in jeder Menge auf billiges Papier drucken konnte. Die »Juros« (jus = lateinisch das »Recht«!) fielen schneller im Kurs als man hinschauen konnte: 90, 80, 75 Prozent. Schließlich berichtete der spanische Vertreter: »Der Credit der Regierung ist so schlecht, daß sie um 3 zu bekommen, 10 und mehr verschreiben und noch obendrein viel bitten muß.« Das war also ein Kurs von 33,3 Prozent.

Auch im 16. Jahrhundert erkennen wir die Probleme des Sozialstaates von heute: Der muß auch bitten, damit er noch neue Mittel erhält, und zweistellige Zinsen bezahlen, die nur ein anderer Ausdruck für fallende Kurse sind, wie wir sie bei den Staatspapieren immer wieder erleben.*)

Die von den Staatsbankrotten im 16. Jahrhundert gebeutelten deutschen Kaufleute, gaben in ihren Briefen einen schönen Einblick in die Psychologie von Krach und Konkurs, die völlig international ist und sich in allen Zeiten gleicht. So schreibt Anton Fugger im April 1558: »Der Creditoren (Gläubiger) sind viel, und es sollte einem davor grausen«. Wenn heute an der Börse die Gläubiger in Massen auftreten und ihre Papiere zu Geld zu machen versuchen,

---

*) So waren die deutschen 6prozentigen Anleihen schon in den 70er Jahren auf 66 und tiefer gefallen, also ein Wertverlust von einem Drittel.

sprechen die Börsianer genauso von »grauenhaften Kursen.«

Geradezu klassisch ist der Brief vom 22. Juni 1561, den der alte Lienhard Tucher aus Nürnberg an seinen Vetter Lazarus Tucher in Antwerpen schrieb. Franz Tucher, Lazarus' Bruder ging wenig später mit uneinbringlichen Staatsforderungen bankrott; andere Tucher überlebten. Die Familie betreibt noch heute in Nürnberg die Tucher-Brauerei, einer der Tucher war in den 1960er Jahren Aufsichtsratsvorsitzender der Bayerischen Vereinsbank. Lienhard Tucher also schreibt (in Klammern die »heutigen« Begriffe): »Dieweil die großen Potentaten (Sozialstaaten) große Summen Geldes auf hohe Interessen (Zinsen) von allen Nationen, in Italien, Frankreich, Deutschland und Niederland aufgenommen haben (man kann heute hinzufügen: und auch von den Ölscheichen), hat sich ein Jeder mit großen Interessen (Zinsen) bereichern wollen, sowohl die großen Hansen (Banken) wie die Unvermöglichen (Normalsparer); so hat ein jeder gegen Unterpfand oder Wechsel aufgenommen (Konto überzogen), was er hat bekommen können, und hat nicht bedacht, in welche Schwierigkeiten er gelangen würde, wenn die Fürsten (Staaten) ihre Versprechungen nicht hielten, wie denn jetzt schon vor Augen ist, daß bei den großen Potentaten kein Glauben mehr will gehalten werden, und solches einer von dem anderen lernt.«

Auch heute lernt ein Staat nach dem anderen, wie man Bankrott macht: Nordkorea, Zaire, Türkei, Persien, Mexiko, Dänemark – alle stehen kurz davor oder sind schon mitten drin im Taumel. Wie im 16.

Jahrhundert stellen sich auch heute große Bonitäts-Unterschiede zwischen den einzelnen Schuldner-staaten heraus: als 1557 die Könige von Spanien und Frankreich bankrott gemacht hatten, galten die Obligationen der Stadt Antwerpen noch jahrelang für einen »richtigen Ort«. Erst 1561 zog man auch dort ab und gab das Geld anderen Städten Brabants. Am Ende aber waren alle gleichermaßen pleite.

Die Meinung über die Sicherheit von Staatsanleihen schwankte auch damals stark. So hielt Lazarus Tucher die portugiesischen Anleihen die besten nach den englischen, die anderen wieder als höchst trügerisch galten. Tatsächlich machte Portugal 1560 bankrott, und zwar mit dem Argument des Königs, seine Beichtväter hätten ihm verboten, mehr als 5 Prozent Zinsen zu zahlen, dies sei eine Sünde und nun müsse er sein Gewissen entlasten.

Der spanische König hatte einen nicht minder schönen Spruch drauf, als er seinen nächsten Staatsbankrott erklärte: Auch er könne aus Gewissensgründen nicht länger Zinsen zahlen und dem »Wucher« Vorschub leisten; falls jemand sich darüber beklage, daß die Staatspapiere wertlos seien, dann solle er sich doch an den halten, der sie ihm verkauft habe – *der* müsse ihn wohl entschädigen.

Die laufenden Ausgaben Spaniens waren damals ohne Schuldzinsen 3 Millionen Dukaten, die freien Einkünfte betrugen 1,3 Millionen. Kurzfristige Schulden: 8 Millionen. Ehrenbergs Kommentar: »Eine trostlose Lage!«

Vor allem standen den Staaten damals nicht die Mittel der Hinausschiebung des Bankrotts durch Inflation per Papiergeldausgabe zur Verfügung. Die Einkünfte galten überdies als ziemlich feststehend, so etwas wie »ständig steigende Staatseinnahmen« aufgrund eines »immer dauernden Wirtschaftswachstums« gab es noch nicht. Insofern waren damals die festen Einkünfte logischerweise fest verpachtet. Reichten dann die noch freien Einnahmen nicht aus, die laufenden Ausgaben zu decken und gab es – wegen der Verpachtung der festen Einnahmen – keinen finanziellen Spielraum mehr, war eben Ende.

Obwohl die Situation beim Staatsbankrott logischen, ja geradezu zwanghaften Charakter hat, verfielen selbst Profis immer wieder in Selbsttäuschung. So glaubte der Nürnberger Willibald Imhof, dessen Firma, wie die der Augsburger Fugger nur unter größten Verlusten die Staatsbankrotte schließlich überstand, es werde »mit der Zeit wieder gut Geld werden und nur an den Zinsen etwas verloren gehen.« Er witzelte sogar: »Wer das Genäsch haben will (die hohen Zinsen des Staates), muß auch der Schläge gewarten und was liebt, muß sauer werden,« womit er die verzögerten Zahlungen des Staates meinte. Die Verzögerung mündete freilich in die Einstellung der Zahlungen.

Professor Manes berichtet über den russischen Staatsbankrott von 1918 genau dasselbe: »Unerschütterliche Zuversicht in die Gesundheit russischen Finanzwesens hat sich bis zum Tag der Bankrotterklärung selbst in Kreisen gehalten, denen man ein besonders zuverlässiges fachmännisches Urteil nicht abspricht. Die baltische Kaufmannschaft hat noch Anfang 1918 ›teilweise ein unerschüttertes

Vertrauen in die auf dem natürlichen Reichtum des Landes beruhende Zahlungsfähigkeit Rußlands‹ bekundet, und auch in deutschen Bankkreisen kam gelegentlich zum Ausdruck, ›daß man der russischen Regierung den Bankrott, den sie nicht nötig habe, nicht aufzureden brauche‹«. So wörtlich die deutsche Zeitschrift »Bankarchiv« vom 1. Februar 1918. Zwei Tage später verkündete der Zentralexekutivausschuß unter Lenin und Trotzki das Dekret über die »Annullierung der Staatsanleihen«. Der Text dieser bis heute größten Staatsbankrotterklärung aller Zeiten (»Alle Staatsanleihen . . . werden für ungültig erklärt«) wurde vom Wolff'schen Telegraphen-Bureau, der damals größten deutschen Presse-Agentur sofort verbreitet, war jedoch am anderen Tag »bezeichnenderweise keineswegs in allen wichtigeren deutschen Blättern abgedruckt!« (Manes).

Die Menschen wollen es halt immer wieder nicht wahrhaben, wenn sie viel oder alles Geld verloren haben. Meine Großmutter bewahrte bis zu ihrem Lebensende einen Pappkarton auf, randvoll mit kaiserlichen deutschen 1000-Mark-Scheinen, die einen roten Stempel trugen. Und Oma sagte immer wieder: »Nicht die grünen, aber die mit dem roten Stempel, die werden wieder zurückgezahlt.« Die roten waren aber, genauso wie die grünen, im Staatsbankrott von 1923 wertlos geworden.

Wer die deutschen Banken auf die gigantischen Schulden der Ostblock-Staaten aufmerksam macht und behauptet, die würden doch im Ernst nie mehr zurückgezahlt, immerhin handelt es sich um umgerechnet rund 250 Milliarden Mark, und das von Staaten, die über keinerlei entsprechende Exportkraft verfügen, um dieses Geld (Devisen!) einzuspielen, wird immer wieder auf die Tatsache verwiesen, daß der Osten ein »untadeliger, zuverlässiger Schuldner« sei, der bisher immer pünktlich gezahlt habe.

Abgesehen davon, daß derweil bereits Polen und Rumänien ihre Zahlungen eingestellt hatten, ist natürlich jeder Schuldner bis unmittelbar zur Pleite liquide. Auch die Herstatt-Bank zahlte bis eine Sekunde vor dem verfügten Schalterschluß anstandslos jeden Betrag aus, der verlangt wurde.

Vergangene oder gegenwärtige Liquidität sagt überhaupt nichts aus. Es kommt ausschließlich darauf an, ob ein Schuldner auch in Zukunft zahlen wird.

In der Geschichte hatte ein Fürst ausgespielt, wenn er nicht zahlte. Der venezianische Gesandte berichtete vom französischen Hof im 16. Jahrhundert, daß der König jeden »Credit verloren« habe (credere = lateinisch »glauben, vertrauen«), er könne auch im Ausland kein Geld mehr ohne Pfand aufnehmen, »woraus man am besten ersieht, daß es nichts Schädlicheres für einen Fürsten gibt, als sein Wort zu brechen.«

Die späteren Staaten hatten es da einfacher. Sie müssen nur einfach behaupten, daß sie ganz etwas anderes machen als ihre verruchten Vorgänger und schon beginnt der Staatskredit wieder zu fließen. Nur mit dieser Staatstäuschung, die beim Gläubiger dann zur Selbsttäuschung wird, gelingt es der öffentlichen Hand immer wieder, an Bargeld zu kommen. Selbst in Deutschland, wo dreimal schon in diesem Jahrhundert Staatsbankrott angemeldet werden mußte, ist es den Politikern gelungen, das Volk zum dritten Mal auf den Leim zu führen.

Das erste Mal hieß es: Ach, das waren die Schulden des Kaisers. Jetzt sind wir doch Republik und da kann so etwas nicht mehr passieren. Doch die Republik machte gegenüber ihren ausländischen Gläubigern, die auf Dollar lautende Forderungen hatten, schon 1931 wieder bankrott (also lange vor Hitler). Und Hitler ruinierte dann die inländischen Gläubiger, die 1948 ersatzlos enteignet wurden. Dann trat die Bundesrepublik Deutschland an und sagte: Jetzt sind wir doch aber eine richtige Demokratie, und da kann so etwas nicht mehr passieren.

Daß in der Bundesrepublik Deutschland keine KZ mehr gebaut werden, die Juden nicht mehr vergast werden und auch kein Krieg mehr vom Zaun gebrochen wird – das alles ist doch geschenkt. Es geht hier nicht darum, eine Diktatur mit einer Demokratie zu vergleichen. Hier geht es um etwas ganz anderes: um die öffentliche Finanzwirtschaft.

Die war, ist und wird sein, in allen Staaten und zu allen Zeiten, ob König, Kaiser, Bundespräsident: auf Bankrott hin ausgerichtet.

Ganz einfach, weil es der Staat ist.

Die Staatsbankrotte in der Gegenwart

Dieses Kapitel habe ich ganz zum Schluß geschrieben, am 12. September 1982. Es war ein Sonntag und das erste, was ich an diesem Morgen in den

Nachrichten hörte, war, daß soeben auch Bolivien den Staatsbankrott erklärt hatte: es kann zehn Millionen Dollar Zinsen nicht termingerecht bezahlen; die ganze bolivianische Staatsschuld liegt bei 2,6 Milliarden Dollar, die nunmehr ebenfalls so nach und nach als verloren angesehen werden müssen. Der bolivianische Staatsbankrott war der 24. des Jahres 1982.

Das Kapitel »Staatsbankrotte in der Gegenwart« wird auch am schnellsten überholt sein. Denn es wird jetzt kaum ein Monat vergehen, in dem sich nicht ein weiterer der 154 Staaten der Erde für bankrott erklärt.

Der Staatsbankrott wird der Dauerbrenner der 1980er Jahre sein.

In den 1950er Jahren waren nur zwei Staaten vorübergehend pleite: Argentinien 1956 (fällige Schulden: 500 Millionen Dollar) und die Türkei 1959 (440 Millionen Dollar).

In den 1960er Jahren machten insgesamt schon vierzehnmal Staaten bankrott, die meisten gleich mehrfach, so daß die Zahl der bankrotten Staaten nur bei 8 lag:

Staat	bankrott wann	mit dieser Summe:
Argentinien	1962, 1965	270, 274 Mio $
Brasilien	1964	270 Mio $
Türkei	1965	220 Mio $
Chile	1965	90 Mio $

Indonesien	1966, 1967, 1968	310, 110, 180 Mio $
Ghana	1966, 1968	170, 100 Mio $
Peru	1968, 1969	120, 100 Mio $
Indien	1968	100 Mio $

In den 1970er Jahren zählen wir bereits 25 Staatsbankrotte, wobei zum ersten Mal *Milliarden-Bankrotte* zu beobachten sind: Indonesien 1970 mit 2,09 Milliarden Dollar; Peru 1978 mit 1,212 Milliarden Dollar; Zaire 1979 mit 1,0 Milliarden Dollar; und die Türkei 1978 mit 1,1 und 1979 mit 3,2 Milliarden Dollar.

Die genannten Summen sind jeweils nur der Betrag, der fällig war und der nicht (oder erst nach einer erneuten »Umschuldungs-Aktion«) gezahlt wurde. Wobei »Zahlung« selbstverständlich bedeutet: Aufnahme weiterer Kredite . . . Wie sich die nicht gezahlten Summen über die Jahre hinweg entwickeln, ist aus Abbildung 11 zu ersehen. Die Zahl für 1982 ist vorläufig. Bis Mitte August hatten die Schulden-Statistiker von »Euromoney« nicht bezahlte Summen in Höhe von 37,913 Milliarden Dollar ausgemacht (einschließlich des mexikanischen Bankrotts). Danach kamen jedoch noch die Zahlungseinstellungen Kubas, der Dominikanischen Republik und Boliviens. Die für 1982 insgesamt genannte Zahl von 40 Milliarden Dollar ist eher konservativ.

Wilfried Guth, einer der beiden Chefs der Deutschen Bank, die vor Jahren übrigens vor allem die lateinamerikanische Kundschaft international eingeführt und besonders Mexiko pläsiert hatte, meinte

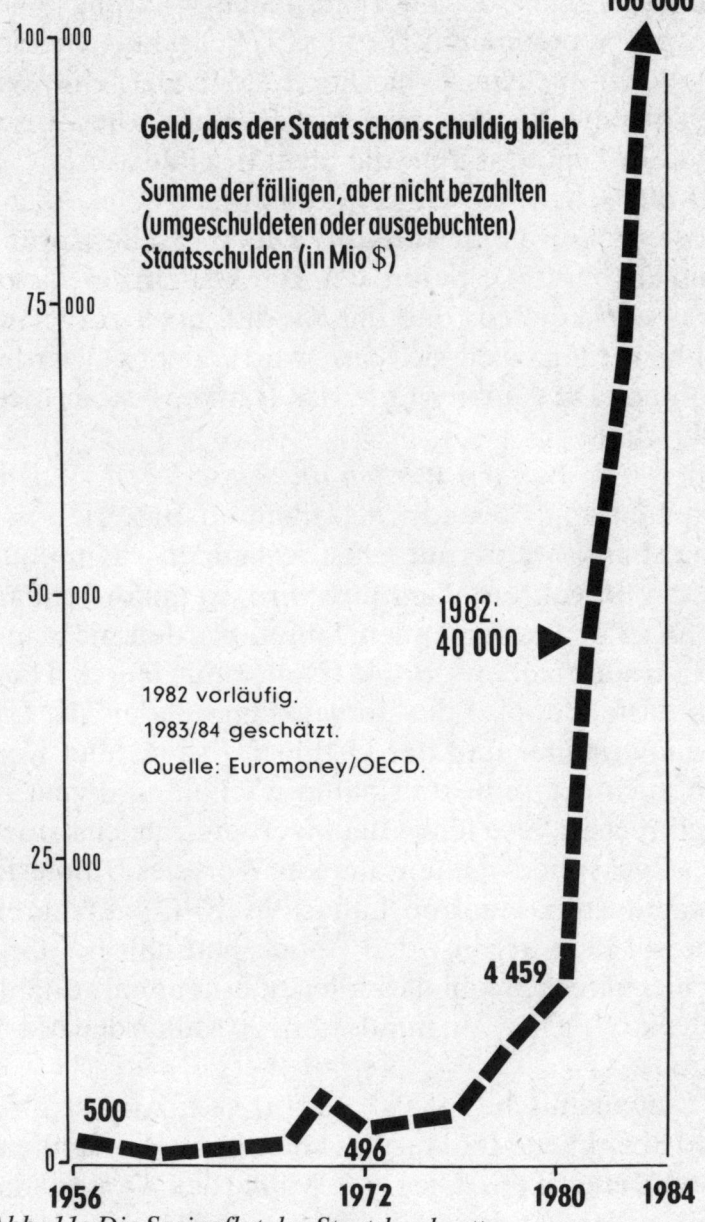

Geld, das der Staat schon schuldig blieb

Summe der fälligen, aber nicht bezahlten
(umgeschuldeten oder ausgebuchten)
Staatsschulden (in Mio $)

100 000

1982:
40 000

1982 vorläufig.
1983/84 geschätzt.
Quelle: Euromoney/OECD.

4 459

500

496

1956   1972   1980   1984

Abb. 11: Die Springflut der Staatsbankrotte

215

auf der Tagung des internationalen Währungsfonds Anfang September in Toronto: »Die Banken müssen jetzt die hohe Kunst der Umschuldung lernen«. Will heißen: die Banken müssen versuchen, die Zinsen und die Tilgungsraten, die nicht bezahlt wurden, so auf die Schuld zu schlagen, daß ihnen selbst nichts passiert. Das heißt konkret: Die Wirtschaftsprüfer müssen beim Testieren der Bank-Bilanzen davon ausgehen können, daß die Kredite noch zurückgezahlt werden, weil sie sonst wertberichtigt werden müßten. Dies aber würde das Bankensystem nicht überleben.

Indes: *Die Banken werden nicht überleben.* Was in den Jahren 1983 und 1984 allein an Batterien von Staatsbankrotten (mit entsprechenden »Umschuldungs«-Begehren) losrattern wird, ist unvorstellbar. Denn in den kommenden Jahren werden nicht nur die »traditionellen« Bankrotteure mit leeren Händen dastehen, also die Entwicklungsländer, die Lateinamerikaner und der Ostblock. Nein, jetzt werden auch die Industriestaaten wackeln und zusammenbrechen, also jene Gläubiger, die zunächst noch als »stocksolide« galten, um ein Wort des Bundesfinanzministers Manfred Lahnstein (SPD) aufzugreifen, mit dem er einst den Bundeshaushalt für 1983 bezeichnete, obwohl darin, leicht erkennbar, unaufgedeckte Löcher von mindestens 20 Milliarden Mark waren.

Der mexikanische Staatsbankrott vom August 1982 wird über kurz oder lang das **amerikanische Bankensystem einreißen.** Die 13,2 Milliarden Dollar, die von den zehn größten US-Banken an Mexiko à fonds perdu gegeben haben, machen im Durchschnitt 54 Prozent des Eigenkapitals der Banken aus. Die 13,2 Milliarden Dollar sind im übrigen Angaben der Banken bzw. Schätzungen des Brokerhauses Bache Halsey Stuart; möglicherweise liegen die Engagements erheblich höher.

Die Chemical Bank und die Manufacturers Hanover haben sogar 72,7 bzw. 78,3 Prozent ihres Eigenkapitals an Mexiko verliehen. Was von diesen »Forderungen« zu halten ist, zeigen die Gesamtsummen: Mexiko hat mindestens 90 Milliarden Dollar Schulden, in der **Devisenkasse der Staatsbank** lagen zum Zeitpunkt der Bankrotterklärung noch ganze **drei Milliarden Dollar.** Woher die 87 fehlenden Milliarden kommen sollen, ganz abgesehen von den jährlich 10 Milliarden Dollar Zinsen auf die Altschuld, ist absolut unerfindlich.

Ganz Südamerika ist inzwischen mit über 300 Milliarden Dollar bei westlichen Banken und Großanlegern verschuldet. Geld, das nicht zurückgezahlt werden kann, weil die südamerikanischen Unternehmen, die die Dollar allein verdienen könnten, gegen die nordamerikanischen, europäischen und japanischen Unternehmen auf dem Weltmarkt **keine Chance haben.** Wer Dollar zurückzahlen muß, müßte sie erst einmal verdienen, gegen Konkurrenten wie Exxon und IBM, wie Daimler-Benz und Olivetti, wie Nippon Steel und Sony. Darüber kann man wirklich nur noch lachen...

Der Bankrott der großen, »international« operierenden Geschäftsbanken hat übrigens noch einen, für die Deutschen interessanten Seiten-Effekt: Mit der

Insolvenz der Amerikaner müssen auch jene ihre Forderungen wertberichtigen, die Devisen (Dollar) am New Yorker Geldmarkt angelegt haben – und das ist vor allem **die Deutsche Bundesbank**! Ihren legendären »Devisenschatz« hat die Bundesbank nicht in Form von Dollarscheinen – wie ihr Gold – im Keller liegen, sondern Banken, wie Chemical und Manufacturers Hanover anvertraut. Rund 40 Milliarden Mark solche »Devisen« weist die Bundesbank unter ihren »Aktiva« aus.

Wenn sich die New Yorker Großbanken strecken, muß auch die Bundesbank ihre Aktivseite wertberichtigen: Sie hat plötzlich **keine Devisen mehr** (oder nur noch Reste). Die logische Folge kann nur **Übergang zur Devisenbewirtschaftung** in der Bundesrepublik Deutschland heißen.

Zum Abschluß unserer GALERIE sind die »Umschuldungs«-Kandidaten der 1980er Jahre aufgeführt. Der Stand ist per Mitte August 1982 (inklusive Mexiko).

Bitte benutzen Sie die folgenden weißen Seiten, um die sich jetzt häufenden Bankrott-Meldungen nachzutragen. Nötigenfalls legen Sie bitte weitere Blätter ein, damit Ihr Buch immer auf dem aktuellen Stand ist.

In diesem Jahr	verweigerte dieser Staat	die Zahlung dieser Schuld, obwohl sie fällig war Mio $
1980	Türkei	3000
	Nikaragua	562
	Jugoslawien	420
	Zaire	402
	Sierra Leone	40
	Liberia	35
1981	Polen	4300
	Türkei	3200
	Uganda	730
	Sudan	500
	Zaire	500
	Bolivien	460
	Pakistan	250
	Togo	242
	Nikaragua	180
	Madagaskar	140
	Jamaika	103
	Senegal	75
	Zentralafr. Republik	72
	Liberia	34
1982	Mexiko	10000
	Argentinien	5000
	Peru	4800
	Polen	4600
	Rumänien	4000

Vietnam	3500
Costa Rica	2600
Sudan	600
Zaire	530
Bolivien	450
Pakistan	447
Togo	340
Senegal	300
Honduras	220
Madagaskar	120
Guyana	110
Malawi	98
Sierra Leone	68
Uganda	60
Liberia	58
Zentralafr. Republik	12

Ab hier tragen Sie bitte weiter nach

Der Bankrott

Warum auch die Bundesrepublik Deutschland das Jahr 2000 nicht erreichen wird

»Nichts ist richtiger als daß jeder Staat, der immerfort borgt, der nie die vorher gemachten Schulden abzahlt, endlich untergehen muß. Sieht man also einen Staat schon eine geraume Zeit hindurch in diesem Fall, und kann aus seinen Verhältnissen mutmaßen, daß er nie solange Muße behalten werde, um seine Schulden bis zu einem gewissen Punkt zu vermindern, sondern vielmehr durch die Umstände genötigt sein werde, sie noch mehr zu vergrößern, so kann man diesem Staat ganz richtig den Untergang prophezeien.«

Karl August von Struensee, 1800

Die maximale Lebensdauer eines Staates: Point of no return und Point of finish

Der Staat kann solange finanziell überleben, wie er die Zinsen der Staatsschuld bezahlen kann. Dabei ist schon vorausgesetzt, daß er die Staatsschulden selbst immer wieder »revolviert«, also alte, zur Rückzahlung anstehende Schulden mit neu aufgenommenen Schulden »tilgt«.

Bei der Behandlung von Schulden selbst gibt es eine Menge Tricks, wie man sie sich als Staat vom Halse schaffen kann. Wir haben die Tricks im historischen Teil kennengelernt. Da gibt es die Umwandlung à la Philipp: die Gläubiger erhalten »neue« Schuldscheine, damals waren es die »Juros«. Es gibt die Einbringung à la England: die Staatsschulden werden zu »Kapital« z. B. einer neuen Staatsbank erklärt.

Es gibt die »Eintragung ins Buch«. So hat die französische Republik bei ihren Staatsbankrotten 1793 und 1797 die Obligationen, die auf einen bestimmten Kapitalbetrag lauteten, ins »Buch« eingetragen, womit der Gläubiger nur noch Anspruch auf eine bestimmte Zinszahlung hatte. Das Kapital war weg, die Staatsschuld von 175 auf 41,7 Millionen Livres heruntergezaubert. Wir Deutschen sollten nicht übersehen, daß auch unsere Bundesanleihen nicht mehr als »effektive Stücke« ausgegeben werden, sondern nur als (im »Buch« vermerkte) »Wertrechtsanleihen«.

Es gibt die Streichung à la Lenin, mit dem Argument, das waren wir doch gar nicht, das war die »alte« Regierung, die das alles zu verantworten hat.

Und es gibt die *Prolongation*, wie sie heute von allen Sozialstaaten einheitlich gehandhabt wird: aus Alt mach Neu, was im Grunde nur eine Variante der »ewigen Rente« ist, die auch nie zurückgezahlt wurden, wobei dies der Staat auch von vorneherein gar nicht erst behauptet hat. Und es gibt die Inflation, wobei die Staatsschulden, wie alle anderen Schulden von selbst verschwinden, weil die Währung verschwindet, in der sie geschuldet wurden.

Daß die Staatsschulden noch einmal zurückgezahlt werden, kann im Ernst niemand mehr behaupten: In allen »modernen« Staaten haben die Staatsschulden einen Umfang erreicht, der die laufenden Staatseinnahmen eines Jahres bereits übersteigt, so daß der Staat ein ganzes Jahr lang keinen Pfennig für etwas anderes ausgeben dürfte, wenn er ernsthaft an eine »Tilgung« dächte. Da sich die Staatsschulden heute fast überall explosionsartig entwickeln, in der Bundesrepublik Deutschland verdoppeln sie sich z. B. alle viereinhalb Jahre, müßte also der Staat in viereinhalb Jahren bereits zwei Jahre hintereinander sein ganzes Geld nur für die Tilgung ausgeben, und so weiter. Der Zug der Tilgung ist also längst abgefahren. Da wird nie mehr etwas zurückgezahlt.

Bei der Entwicklung der Staatsschulden gibt es zwei klar erkennbare Punkte: den *Point of no return* und den *Point of finish*. Der Point of no return ist der Punkt, von dem aus es kein zurück mehr geben kann, wie bei einem Flugzeug, das übers offene Meer hinausdüst und das dann einfach weiterfliegen muß, weil der Treibstoff zur Rückkehr in den sicheren Heimatflughafen nicht mehr ausreicht. Der Point of finish ist erreicht, wenn die Staatsfinanzen endgültig zusammenbrechen.

Der Point of no return wird vom Staat überflogen, sobald die Steuer*mehr*einnahmen eines Jahres nicht mehr ausreichen, um die fälligen *Zinsen* der Staatsschuld zu bezahlen. Für den Point of no return schreiben wir die einfache Formel:

Steuermehreinnahmen ./. Zinsen = Null.

Oder für Bruchrechner:

$$\frac{\textbf{Steuermehreinnahmen}}{\textbf{Zinsen}} = \textbf{1.}$$

Wird die Null ins Minus unterschritten bzw. wird beim Bruch die rechte Seite kleiner als 1 ist der Point of no return erreicht.

Ab dem Point of no return müssen dann zusätzliche Schulden schon allein deshalb gemacht werden, um die bereits vorhandenen Schulden bedienen zu können. *Die Staatsschulden vermehren sich jetzt automatisch, ganz gleich, was geschieht.*

Alle modernen Sozialstaaten haben diesen Point of no return längst hinter sich gelassen. In der Bundesrepublik Deutschland war es Ende der 70er Jahre soweit: 1979 waren zum Beispiel schon 25 Milliarden Mark für Zinsen zu zahlen: die Steuermehreinnahmen dieses, wirtschaftlich durchaus passablen, Jahres aber betrugen bei allen öffentlichen Haushalten nur 23,7 Milliarden Mark. Auch die sogenannten »sonstigen

Einnahmen« der öffentlichen Hand, die von Gebühren bis zu Einnahmen aus Staatsvermögen reichen, helfen inzwischen nicht mehr weiter. Im wirtschaftlich schwachen und daher steuerlich unergiebigen Jahre 1981 mußten schon 36,5 Milliarden Mark für Zinsen bezahlt werden, während die Staatseinnahmen (Steuern plus Sonstige) nur noch um 12,6 Milliarden stiegen.

Der Trend, für die immer schneller steigende Zinslast immer schneller steigende Schulden machen zu müssen, kann nicht umgedreht werden, er ist auch in der Geschichte noch nie umgedreht worden. Der Staat müßte ja nicht nur auf einmal »sparen«, also weniger schnell mehr ausgeben. Er müßte seine Ausgaben insgesamt *kürzen,* was, wie es zu Recht so schön heißt, »politisch unmöglich« ist. Die Einnahmen kommen nun auch nicht mehr so recht voran, weil der übergroße Staatsanteil, wie wir gesehen haben, das Wachstum abwürgt, zumal durch die hohen Zinsen, die sich automatisch aus den immer höheren Kredit-Bedürfnissen des Staates ergeben.

Die Rückzahlung der Staatsschulden ist im Grunde kein Thema. Alle Welt macht Schulden, selbst die größten Industrie-Unternehmen, wie Exxon oder IBM müssen mit Banken und Gläubigern arbeiten. Und niemand erwartet, daß die Industrie ihre Schulden jemals echt tilgen wird, denn schließlich sind die Schulden investiert, mit diesen Investitionen wachsen die Unternehmen, verdienen mehr Geld und haben damit die Basis, zusätzliche Zahlungsverpflichtungen übernehmen zu können. Ohne Kredit gäbe es überhaupt kein Wirtschafts-Wachstum.

Der Unterschied zwischen privaten und öffentlichen Schulden aber ist ein gewaltiger: *Private Schulden machen die Firmen auf Dauer sicherer, denn die mit den Schulden finanzierten Investitionen helfen dabei, im Wettbewerb besser bestehen zu können. Die staatlichen Schulden aber machen den Staat auf Dauer unsicherer, denn je größer die Staatsschuld, umso sicherer nicht das Überleben, sondern der Bankrott.*

Aber lassen wir die Staatsschulden und ihre fiktive Rückzahlung völlig beiseite, denn für den Bankrott sind nicht die Schulden maßgeblich, sondern die Verpflichtungen, die aus ihnen erwachsen.

Die Frage muß also lauten: Wie lange können die Staaten die Zinsen bezahlen, die sich aus den von ihnen aufgenommenen Schulden ergeben.

Die Antwort ist einfach: Solange es Staatseinnahmen gibt, die höher sind als die gleichzeitig zu zahlenden Zinsen. Solange noch eine Mark Staatseinnahmen vorhanden ist, die nicht für Zinszahlungen benötigt wird, kann der Staat seinen finanziellen Verpflichtungen nachkommen. Die Formel für die maximale Lebensdauer des Staates lautet also:

Staatseinnahmen ./. Zinsen = Null.

Oder für Bruchrechner:

$$\frac{\text{Staatseinnahmen}}{\text{Zinsen}} = 1.$$

Solange die Differenz über Null liegt, bzw. der Bruch über 1, ist der Staat noch zahlungsfähig. Liegt sie unter Null, bzw. unter 1, ist der Point of finish erreicht, der Staat ist bankrott. Denn es wird sich niemand mehr finden, der dem Staat für die Zinszahlungen Geld schenkt.

Um die maximale Lebensdauer eines Staates zu taxieren, genügt es also, seine Einnahmen und seine Zinsen hochzurechnen. Wo sich beide Kurven kreuzen, ist der Staat bankrott.

Die wahrscheinliche Lebensdauer eines Staates

Nun bricht der Staat schon längst vorher zusammen. Denn die vollständige Verausgabung aller Steuern, nur um die Banken und die Besitzer von Schatzbriefen mit Zinsen zu beglücken, das kann es nicht geben. Wo bleiben die Ausgaben für die Landesverteidigung? Für die Beamten? Für das soziale Netz? Für Schulen und Universitäten?

Diese Ausgaben fassen wir unter »unabwendbare, absolut notwendige« zusammen und bekommen die Formel für die *wahrscheinliche Lebensdauer* eines Staates:

Staatseinnahmen ./. absolut notwendige Ausgaben ./. Zinsen = Null.

Oder für Bruchrechner:

$$\frac{\textbf{Staatseinnahmen} - \textbf{absolut notwendige Ausgaben}}{\textbf{Zinsen}} = \textbf{1.}$$

230

Da die absolut notwendigen Ausgaben feststehen und die Zinsen nicht minder, ist der Staat bankrott, wenn die Staatseinnahmen nicht mehr ausreichen, um noch Null zu erreichen.

Wenn wir diese Formel genauer betrachten, erkennen wir erneut die Bedeutung des Point of no return. Da alle Politiker immer wieder betonen, daß die Staatsausgaben, so wie wir sie jetzt haben »absolut, notwendig«, also nicht mehr einsparbar oder kürzbar sind, ist die Zahl Null bereits unterschritten.

Rein technisch ist der Staat also bereits bankrott. Denn auf der rechten Seite der Formel muß die Minuszahl zu Null aufgefüllt werden, durch zusätzliche Schulden. Denn für die Zinsen bleibt eigentlich schon nichts mehr übrig. In der Bruchrechnung sieht es so aus:

$$\frac{\textbf{Staatseinnahmen} - \textbf{absolut notwendige Ausgaben} + \textbf{Schulden}}{\textbf{Zinsen}} = 1.$$

Daß überhaupt noch Kredite zur Zahlung der Zinsen gegeben werden, ist bodenloser Leichtsinn seitens der Banken und der Sparer: sie geben nämlich nicht Kredit an ein Projekt (»Staat«), bei dem nach Einnahmen ./. Ausgaben ./. Zinsen noch ein »Gewinn« übrig ist, sondern sie geben noch Kredit, obwohl schon laufende »Verluste« gemacht werden.

Nehmen wir nur an, die Kreditgeber würden dem Staat im nächsten Jahr kein Geld mehr vorschießen, wäre schon Schluß. Denn er könnte seine Zinsen nicht bezahlen. Wovon denn?

Banken und Sparer geben dem Staat aber dennoch weiter Geld, nicht weil sie *sicher anlegen*, sondern weil sie *spekulieren*. Es ist ein Roulette: Banken und Sparer hoffen nämlich, daß *eines Tages* die Staatseinnahmen ./. absolut notwendige Ausgaben doch wieder so viel (oder gar mehr) übrig lassen, um die Zinsen zu bezahlen.

Dies ist eine Spekulation, da die Zinsen ja schon feststehen, die gezahlt werden müssen, entweder auf stark steigende Staatseinnahmen bei geringer steigenden, gleichen oder sinkenden absolut notwendigen Ausgaben. Oder auf gleiche oder sinkende Staatseinnahmen bei relativ stärker sinkenden notwendigen Ausgaben.

Eine solche Spekulation ist völlig aberwitzig. Und man kann es einfach nicht glauben, daß vernünftige Bankmanager oder umsichtige Familienväter sich auf so etwas einlassen. Derzeit liegen die »absolut notwendigen Ausgaben« des Staates in allen Sozialstaaten erheblich *über* den Staatseinnahmen, und zwar *ohne* dabei die Zinsen schon zu berücksichtigen.

In der Bundesrepublik Deutschland betrugen die Einnahmen 1981 rund 694 Milliarden Mark. Die Ausgaben ohne Zinsen lagen bei 731 Milliarden Mark. Schon bevor überhaupt an Zinszahlungen zu denken ist, ist der Staat im Minus, nämlich mit 37 Milliarden. *Woraufhin werden denn da noch Kredite gegeben?* Auf ein Wunder? Daß der Staat plötzlich mehr einnimmt als er ausgibt? Wie? Was? Wovon?

Denn außer den 37 Milliarden laufenden Minus kommen noch Zinsen in gleicher Höhe, macht zusammen 74 Milliarden Kassen-Defizit.

Da kann es natürlich keine Rettung mehr geben.

Wenn man Bankmanager zur Rede stellt, wieso sie beim Staat den gleichen Fehler machen, wie bei der AEG, wo sie auch gutes Geld schlechtem hinterhergeworfen haben und einem Unternehmen immer mehr Kredite gaben, obwohl die Verluste immer größer wurden, dann zucken sie mit den Achseln und kommen mit dem Standard-Spruch: »Der Staat kann doch nicht pleite gehen.«

Obwohl der Staat schon jetzt illiquide ist und sich aus eigener Kraft nicht mehr aus dem Malstrom steigender Schulden befreien kann, werden dennoch immer neue Kredite gegeben. Wie wir oben gesehen haben, ist der Staat erst dann wirklich bankrott, wenn er niemand mehr findet, der ihm noch Geld leiht.

Die wahrscheinliche Lebensdauer eines Staates geht also zu Ende, *wenn bei allen Anstrengungen, die Staatseinnahmen zu erhöhen und bei aller nur denkbaren Beschränkung auf die »absolut notwendigen Ausgaben« dennoch nicht mehr genug übrig bleibt, um die Zinsen zu bezahlen.* Dann muß auch der dümmste Bankmanager und der patriotischste Sparer seine Bemühungen einstellen, den Staat über Wasser zu halten.

Wann – endlich – gehen nun die Staaten unter?

Wir kommen nun zum Höhepunkt des Dramas. Wie bei einem Königsstück von Shakespeare ist alles bereitet. Wir wissen, warum der Staat immer mehr Schulden machen *muß*. Und wir haben zweifelsfrei ermittelt, bis zu welchem Punkt der Staat noch Schulden machen *kann*.

Jetzt müssen wir nur noch zwei Gruppen von Staaten aussondern:

1. Staaten, die sich nur in einer Währung verschulden konnten, bzw. verschuldet haben, die *nicht* ihre Landeswährung ist.

2. Staaten, die sich in einer Währung verschulden konnten und die sich in ihr verschuldet haben, *die ihre Landeswährung ist.*

Unter die Staaten der ersten Gruppe fallen die Entwicklungsländer, die Ostblockstaaten und jene »westlichen« Länder, die – wie Lateinamerika – bei den Staaten der Gruppe 2 Kredit hatten. Denn die Staaten der zweiten Gruppe sind die »hochentwikkelten« Industrienationen, die sich nicht nur untereinander verschulden können. Sondern deren inländisches Kapitalaufkommen so groß ist, daß sie sich auch »intern«, also gegenüber der eigenen Bevölkerung verschulden können.

Die Einwohner von Mogadishu, von Moskau und von Mexico City fallen als Staats-Gläubiger im eigentlichen Sinne aus. Das was sie sparen, was also ein (oder ihr) Staat bei ihnen ausleihen könnte, ist entweder zu gering, als daß es für den Staat von Belang sein könnte. Oder es ist in einer Währung, die den kreditnehmenden Staat nicht interessiert. Mit den Währungen von Somali, von Sowjetrußland und von Mexiko kann man am Weltmarkt nichts kaufen. Die Staatsschulden, um die es geht, sind allesamt in weltmarktfähiger Währung kontrahiert. Es handelt sich um Schulden in »Devisen«. Darunter sind zunächst US-amerikanische Dollar zu verstehen, aber auch britische Pfunde, Schweizer Franken oder Deutsche Mark.

Was bei dem unvermeidlichen *allgemeinen Staatsbankrott* verloren wird, sind also nicht Summen, die auf Rubel, Peso oder Rial lauten. Sondern es sind Dollar, Pfund, Franken, Mark.

Logischerweise werden als erstes die Staaten fallen, die ihre Schulden in einer Währung stehen haben, die sie nicht selbst herstellen können. Der Staatsbankrott von Mexiko ergab sich im August 1982, weil die mexikanische Regierung nicht imstande ist, eine Währung (US-Dollar) zu produzieren, also »Geld« zu drucken, das weltweit akzeptiert wird.

Der Staatsbankrott der Bundesrepublik Deutschland dagegen wird sich noch etwas hinziehen, weil die deutsche Regierung »Geld« produzieren kann, das weltweit akzeptiert wird, nämlich die D-Mark.

Für die Staatsbankrott-Kaskaden der 80er Jahre gibt es eine strenge Hack-Ordnung: Zuerst fallen die (währungsmäßig) schwachen, dann erst die starken Staaten.

Der Untergang der Staaten wird zuerst jene mit sich reißen, die keine weltweit akzeptierbare Währung

produzieren können; das sind die *Devisenbankrotte.*
Dann kommen die übrigen Staaten, und zwar streng
in der Reihenfolge der *Bedeutung* ihrer Währung.
Und da der amerikanische Dollar neben dem
Schweizerfranken als die »besten« Währungen der
Welt angesehen werden, fallen diese Staaten auch
erst am Schluß. Nach den Devisenbankrotten kommen die *reinen Liquiditätsbankrotte.* Wen also hoch-
entwickelte Industrienationen, trotz aller Macht
über ihre eigene Landeswährung, niemand mehr finden, der ihnen noch Landeswährung kreditiert.
Die Liquiditätsbankrotte können vorübergehend
noch aufgehalten werden, indem die Staaten die
Verpflichtungen, die sie in Landeswährung haben
(einschließlich Tilgungen und Zinsen) mit *frisch gedrucktem Geld* abdecken. Dies ist der bequemste
und wahrscheinlichste Ausweg, den die meisten
Staaten bei ihren ersten Liquiditätskrisen suchen
werden.
Dieser kann solange beschritten werden, als Landeswährung noch hergestellt werden kann. Das ist nicht
selbstverständlich; zum Beispiel kam die neue bol-
schewistische Regierung Rußlands zwischen 1917
und 1920 mehrmals in schwerste Liquiditätsklem-
men, weil die Staatsbank nicht genügend Bargeld für
die benötigten Ausgaben zur Verfügung stellen
konnte.
Und der Weg ist dann zu Ende, wenn die Landeswährung nicht mehr von der Bevölkerung akzeptiert
wird (»Repudiation«). Das kommt immer in den
Schlußphasen einer Hyper-Inflation vor, zum Beispiel konnte das Deutsche Reich zu Beginn der

1920er Jahre das Problem der ausreichenden Produktion der Landeswährung – im Gegensatz zu den Bolschewisten – noch meistern. Es waren Tag und Nacht 150 Papierfabriken und 300 Druckereien im Einsatz, um Geld zu fabrizieren. Doch die Bevölkerung wies die neuen Scheine mit den immer abenteuerlicheren Wertangaben (»Trillion«) zurück. Es kam überall zur Ausgabe von »Notgeld« und ernsthaft kursierten als Landeswährung schließlich nur noch Gold bzw. auf Gold lautende ausländische Valuta (»Golddollar«).

Der Versuch, den Staatsbankrott durch Notendruck zu vermeiden, führt in kürzester Zeit in den Staatsbankrott *per Inflation*. Alles Geld und alle Geldwertforderungen werden vollständig wertlos. Alle Schuldner entschulden sich auf das glänzendste, voran der größte Schuldner, der Staat. Wer immer auf einen anderen vertraut hat, ist ruiniert.

Entwicklungsländer, Ostblock, Lateinamerika

Diese Staatengruppen sind zum größten Teil bereits im Status der Zahlungsunfähigkeit. Sie zählen zu den Schuldnern, die den Devisenbankrott erklären, also die erste Stufe der Staatsbankrott-Kaskaden.

Die Probleme dieser Ländergruppen sind im wesentlichen gleich, so daß wir sie in einem Aufwasch behandeln können. Es spielt nämlich für die Fähigkeit, die aufgenommenen Schulden zurückzahlen zu können, keine Rolle, ob es sich um eine kommunistische Diktatur handelt oder um ein rechtsfeudales Generals-Regime.

Entscheidend ist nicht das interne Verhalten dieser Staaten gegenüber ihrer Bevölkerung. Ob man also mit Genickschuß arbeitet oder mit der Nilpferdpeitsche oder gar nicht. Entscheidend ist einzig und allein die Frage: Wie stehen diese Staaten im Verhältnis zum Ausland da. Konkret: Ist ihr Warenangebot auf dem Weltmarkt konkurrenzfähig? *Können also die Devisen verdient werden, die ich brauche, um die Schulden zu bedienen und zurückzuzahlen?* Die Antwort lautet einfach: *Nein, nie.*

Das ist auch ganz einfach zu erklären, wenn wir auf unsere Analyse des kapitalistischen Prozesses zurückgreifen. Danach ist der *Liquiditätsdruck* das notwendige Merkmal für Wachstum und Konkurrenzfähigkeit. Betriebe bzw. Volkswirtschaften, denen dieser Liquiditätsdruck fehlt, haben gegen kapitalistische Unternehmen, die unter Liquiditätsdruck-Bedingungen antreten müssen, keine Chance. Jemand, der weiß, daß er sterben muß, wenn er das Rennen nicht gewinnt, läuft ganz einfach schneller als jemand, dem gesagt wurde: Es ist ganz egal, wie du abschneidest, Hauptsache, du hast ein bißchen mitgemacht.

Dieses »ein bißchen mitmachen« ist alles, was die Betriebe aus den sozialistischen und den Entwicklungsländer-Wirtschaften zu bieten haben. Ein staatliches Bergbau-Unternehmen in Schwarzafrika kann nie pleite machen, ebensowenig eine Kühlschrankfabrik in Halle an der Saale oder ein Stahlwerk in Indien. Die Verluste, die in diesen Staatswirtschaften auflaufen, sind ein getreues Spiegelbild der *Kredite*, die ihnen von den Industrieländern immer wieder gegeben wurden. Abbildung 12 zeigt, daß sich die Kredite (nicht die sowieso verlorenen »Zuschüsse«) an die Entwicklungsländer in den 1970er Jahren

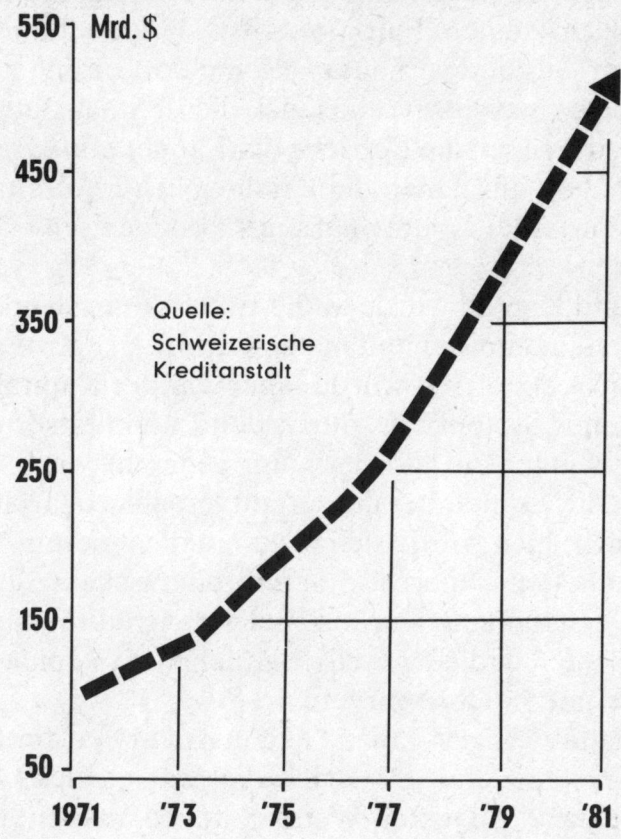

Soviel Geld schulden die Staaten der Entwicklungsländer

Abb. 12: *Alles Geld ist von vornherein verloren*

mehr als verfünffacht haben. Diese hohen Schulden sind gerade deshalb aufgelaufen, *weil* diese Staaten nicht in der Lage waren, mit ihren Produkten auf dem Weltmarkt zu konkurrieren.

Und mit der gleichen Begründung sollen diese Kredite auf einmal zurückgezahlt werden?

Die Rückzahlung eines Kredits in einer Währung, die ein Land nicht selbst produzieren kann, setzt voraus, daß diese Währung *verdient wird.* Der Staat muß eine *aktive Leistungsbilanz* haben; er muß (einschließlich seiner Funktion als »Urlauberland«) mehr im Ausland verkaufen als von dort beziehen.

Dies wiederum setzt voraus, daß dieser Staat Betriebe hat, die gegen die Betriebe der Länder *konkurrieren* können, aus denen die Kredite einst gekommen sind. Wie anders sollte man sonst die »Devisen« verdienen?

Geld und Kapital wurde in die Entwicklungsländer, nach Lateinamerika und in den Ostblock exportiert. Was nicht exportiert wurde, aber war der Kapitalismus, jenes System, das durch den Liquiditätsdruck immer wieder auf Vordermann gebracht wird. Im Gegenteil: es hieß bei der Kreditvergabe sogar ausdrücklich, man würde sich nicht »in die inneren Angelegenheiten« dieser Staaten einmischen. Und selbstverständlich würden solche Kredite ohne Rücksicht auf die »gesellschaftlichen Systeme« in den Nehmerländern vergeben.

Und damit war das ganze Geld aus dem Fenster geworfen. Alles Geld, das sich die Staaten des Ostblocks und der Dritten Welt »geliehen« haben, das waren keine Kredite, sondern *Geschenke.* Denn zur

Definition des Kredits gehört, daß der Kredit *rück-zahlbar* sein muß. Staaten aber, die den Liquiditäts-druck aufgrund ihres »gesellschaftlichen Systems« ausgeschlossen haben, können nie gegen Staaten konkurrieren, in denen Liquiditätsdruck herrscht, ergo können sie auch nicht in diesen Staaten das Geld verdienen, das sie bräuchten, wenn sie die Kredite zurückzahlen oder auch nur bedienen wollten. Solange im Ostblock das liquiditätsdruckfreie Gesellschaftssystem »Sozialismus« herrscht, wird es auf dem Weltmarkt nie konkurrenzfähige Ostblock-Produkte geben, jedenfalls nie genug, um die riesigen Schulden abzudecken, die inzwischen aufgelaufen sind.

Die Netto-Verschuldung des Ostblocks

Land	Schulden (in Mio. $)			Steigerung seit 1971
	1971	1980	1981	
Bulgarien	0,7	3,2	2,3	+ 229 %
CSSR	0,2	3,5	3,6	+ 1700 %
DDR	1,2	9,9	11,4	+ 850 %
Polen	0,8	22,1	23,0	+ 2775 %
Rumänien	1,2	9,6	10,0	+ 773 %
UdSSR	1,1	17,5	23,7	+ 2055 %
Ungarn	0,8	7,4	7,4	+ 825 %
Ostblock total	**6,0**	**73,2**	**81,4**	**+ 1257 %**

Quelle: Schweizerische Kreditanstalt

Die Schulden der »sozialistischen« Staaten haben sich also in einem Jahrzehnt fast *verdreizehnfacht*. Der folgenschwerste Irrtum, den westliche Kreditgeber, vor allem die großen Geschäftsbanken, begangen haben, war die Annahme, man müsse die sozialistischen Volkswirtschaften mit Hilfe von Krediten nur ein wenig »modernisieren« – und schon würden sie konkurrenzfähige Produkte herstellen, auf dem Weltmarkt anbieten, dabei gegen die kapitalistischen Anbieter Marktanteile erobern und bei diesen Umsätzen jene Devisen verdienen, mit deren Hilfe die Kredite bedient und getilgt werden könnten. Als ob es jemals Taschenrechner aus Taschkent oder Hi-Fi-Türme aus Karl-Marx-Stadt geben könnte, die – falls sie überhaupt jemals produziert würden – gegen kapitalistische Konkurrenzprodukte auch nur den Hauch einer Chance hätten.

Zu Beginn der 1970er Jahre wurde den Russen in Togliattigrad die damals modernste Autofabrik der Welt gebaut. Die umgerechnet vier Milliarden Mark, die das alles gekostet hat, müßten – nach der Logik des Kreditgebers – über die Produkte der Autofabrik in Togliattigrad wieder hereinkommen. Doch wo sind sie, die tollen Coupés, die Achtzylinder mit Einspritzmotor? In Togliattigrad laufen immer noch die gleichen alten Modelle vom Typ »Lada« vom Band. Die Chance, daß sich diese Fabrik jemals »amortisiert«, also daß die Devisenkredite, die sie gekostet hat, durch Exporterfolge zurückgezahlt werden, ist Null. Die vier Milliarden sind verloren. Und so sind alle anderen Kredite auch verloren, die in Staaten gingen, deren Wirtschaftssystem dem kapitalistischen unterlegen ist, weil es keinen umfassenden Liquiditätsdruck kennt. Auch der gern gehörte Hinweis auf die »Rohstoffe«, mit deren Hilfe dann doch eines Tages alles zurückbezahlt wird, ist falsch.

Denn: Die Rohstoffe sind zwar in den Staaten der Dritten Welt und in denen des Ostblocks vorhanden, aber sie kommen ja nicht von selbst aus der Erde. Auch das, was die Dritte Welt erntet, fällt nicht von selbst vom Halm und liegt eines Tages gemahlen bei der deutschen Hausfrau in der Tüte. Für Rohstoffe und »Natur«-Produkte muß gearbeitet werden. Wenn aber die Bevölkerung in den liquiditätsdruckfreien Volkswirtschaften nur im Bergwerk und auf den Feldern schuftet, um die einmal vom fernen Kapitalisten gewährten Kredite zurückzuzahlen – wovon soll dann die Bevölkerung leben?

Die Produktivität in diesen Staaten ist – gerade wegen des fehlenden Liquiditätsdrucks – so schlecht, daß unverhältnismäßig viel gearbeitet werden muß, um überhaupt etwas zu produzieren. Bekanntlich ist die Produktivität des amerikanischen Farmers etwa sechsmal so hoch, wie die des russischen Kolchosbauern. Sechs Russen produzieren also die gleiche Menge, wie ein Amerikaner. Wie in der Landwirtschaft, ist es erst recht in der Industrie.

Selbst wenn also ein aufrichtiger Rückzahlungswille vorhanden wäre: Diese Staaten müßten praktisch ihre ganze Bevölkerung in Tag- und Nachtschichten dafür einsetzen, ohne für diese Anstrengung etwas anderes zu erreichen als die Minderung einer Schuld, für die sie gar nichts kann, von der sie kaum etwas hatte, und die letztlich nur eine Eintragung in dem Geschäftsbuch der kreditgebenden Bank im fernen Westen ist.

Vergessen wir die Marketing- und Qualitätsprobleme, die diese Staaten haben würden, wenn sie sich an die Rückzahlung machten. Vergessen wir auch den Mengen-Effekt, daß ein solches großes Angebot an Rohstoffen zu deren Preisverfall führen müßte, was die Erreichung bestimmter Devisenmengen immer schwieriger machen würde. Stellen wir uns nur die vielen Menschen vor, die auf die Felder und in die Bergwerke müßten, wenn mit dem gesamten Ertrag die »Tilgung« der Schulden begonnen würde: Diese Staaten könnten dies politisch nicht überleben. Was sich in *Polen* bereits andeutete, allmählicher Volksaufstand, um den gesamtwirtschaftlichen Rückzahlungsdruck abzuschütteln, würde in allen Dritte-Welt- und Ostblock-Staaten zum Alltag.

Nach dem ersten Jahr Kriegsrecht in Polen, was nichts anderes bedeutete, als den Bergmann mit der Maschinenpistole in den Förderkorb zu zwingen, ist die polnische Staatsschuld nicht um einen einzigen Dollar gemindert worden. Nicht einmal die Zinsen für die inzwischen (Ende 1982) rund 30 Milliarden Dollar Westkredite konnten aus den Erlösen des »natürlichen Reichtums« des Landes bezahlt werden.

Es hat keinen Sinn, länger darüber nachzudenken. *Alles Geld, das wirtschaftlich unterlegene, da weniger oder nicht kapitalistische Staaten bei Gläubigern in kapitalistischen Staaten aufgenommen haben, ist definitionsgemäß voll und ganz verloren.* Der Unterle-

244

gene kann den Überlegenen nicht besiegen, also kann er auch nicht das Geld verdienen, das er dem Überlegenen schuldet.

Fassen wir die Schulden des Ostblocks (rund 250 Milliarden Mark), die Schulden der Dritten Welt (inzwischen rund 700 Milliarden Mark) und die Schulden jener halbentwickelten lateinamerikanischen Staaten (Mexiko, Argentinien) zusammen, die jetzt laufend ihre Zahlungen einstellen, so erreichen wir einen Betrag von mindestens 1,3 Billionen Mark.

Diese 1 300 Milliarden, die entweder bilateral, also von Staat zu Staat, oder über das westliche Bankensystem gegeben wurden, sind uneinbringliche Forderungen. Sie müssen über kurz oder lang abgeschrieben werden.

Dies führt zum einen zu einer Welle weltweiter Banken-Bankrotte, zum anderen zu zusätzlichen Beanspruchungen der Haushalte der Industrie-Nationen, wenn die vielen »Bürgschaften«, die für solche Kredite gegeben wurden, fällig sind. Das beschleunigt den Bankrott auch jener Staaten, die an sich keine Devisen-Probleme hatten, weil ihre Währungen als »Devisen« gelten und produzierbar sind.

Der Bankrott der Industrienationen

Alles weitere ist nun ziemlich einfach ausgerechnet. Die Zahlen der Haushalte, die Einnahmen und Ausgaben, der Stand der Staatsschuld und die Zinsausgaben liegen vor und zwar auch über so lange Zeit-

Staatsbankrott – und was dann kommt

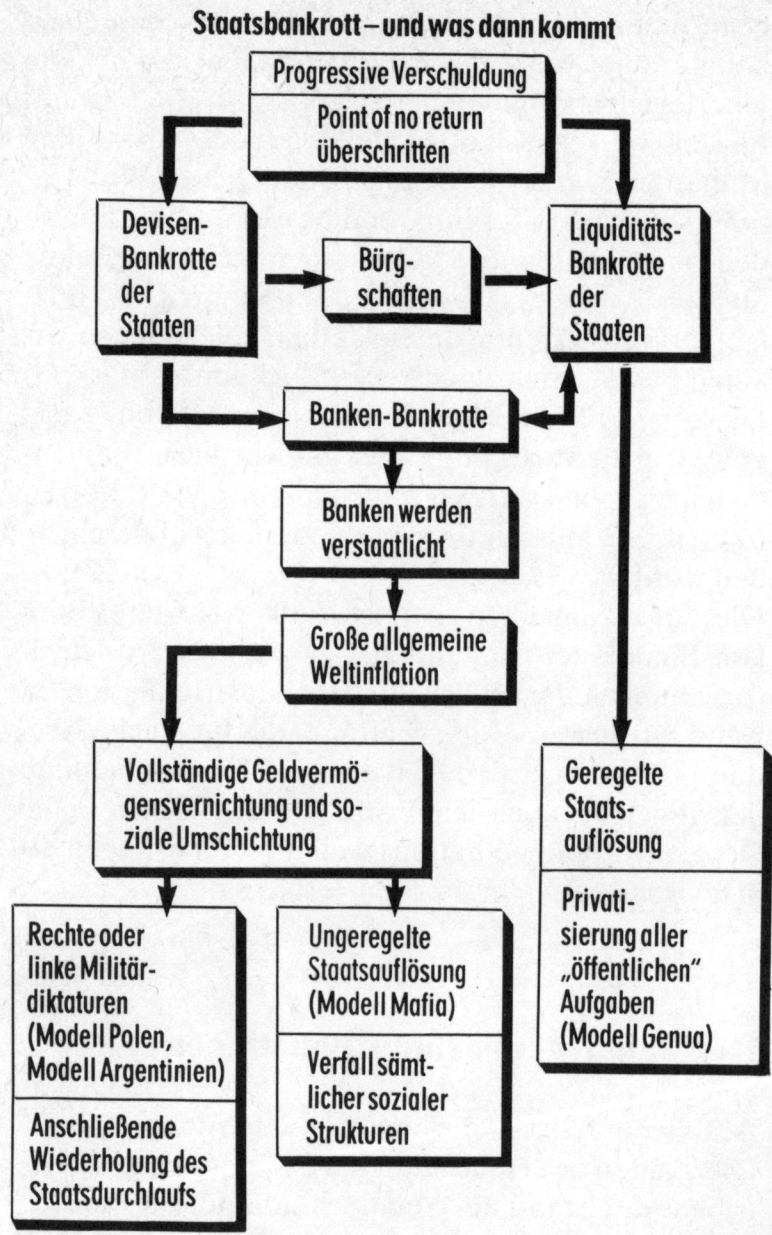

Abb. 13: Ablauf, Ende, Neubeginn

räume, daß man sie recht vernünftig in die Zukunft extrapolieren kann.

In **Wann kommt der Staatsbankrott bei wem?** ist alles festgehalten (Seite 181/183). Zunächst habe ich den *Point of no return* ausgerechnet: Müssen die Staaten also bereits *Schulden machen, um die Zinsen zu bezahlen*? Dann tasten wir uns an den *Point of finish* heran. Zunächst wird das Verhältnis *Staatseinnahmen zu Zinszahlungen* bekannt gegeben. Die Staatseinnahmen sind insgesamt höher als nur die *Steuern*, sie enthalten noch sonstige Staatserträge, z. B. aus Monopolen (Post usw.). An der Grundaussage ändert sich natürlich nichts.

Der Point of finish wurde aufgrund langfristiger (zehnjähriger) Duchschnittswerte hochgerechnet. Daneben steht die *wahrscheinliche* Restlebensdauer der Industrienationen, wie sie sich aufgrund der aktuellen Entwicklung der letzten drei Jahre ergibt. Die Staatsschuldenwirtschaft ist, wie wir gesehen haben, ein *progressiver Prozeß*. Daher gibt es keinen Grund anzunehmen, es würde sich auf einmal alles bessern.

Die Zahlungsfähigkeit der Industriestaaten muß jedoch schon einiges *vor* Erreichen der wahrscheinlichen Restlebensdauer zu Ende gehen. Denn wo ein Bankrott abzusehen ist, wird sich kaum noch jemand finden, der dem Staat freiwillig Geld hinterher wirft. Auch an den (vorübergehenden) Ausweg »Staatsbankrott per Inflation« ist zu denken. Ob bereits eine Inflationslösung gesucht wird, oder ob sie wahrscheinlich und technisch einfach zu handhaben ist, wird ebenfalls vermerkt.

Da Staatsbankrott logischerweise immer auch Ban-
ken-Bankrott heißt, ist eine vollständige Sozialisie-
rung aller Geschäftsbanken nur noch eine Frage der
Zeit. In Frankreich wurden die Banken 1981 sozusagen schon »vorsorglich« verstaatlicht (der französische Staatsbankrott ist noch nicht eingetreten); in
Mexiko wurden die Banken Ende August 1982
»nachsorglich« verstaatlicht (nachdem der Staat die
Zahlungen verweigert hat). Wer das Banken-System
in der Hand hat, kann die Kredit-Klaviatur noch eine
Zeitlang bedienen. Welches Ende sich für den
Staatsbankrott letztlich abzeichnet, ist in Abbildung
13 festgehalten.

Wann ist die Bundesrepublik Deutschland bankrott?

Für die Bundesrepublik haben wir nach diesen For-
meln folgende Jahreszahlen ermittelt:
1. *Point of no return*: Im Jahr 1981 hatten die Zinsausgaben endgültig die zusätzlichen Steuereinnahmen plus die sonstigen Mehreinnahmen über-
   rundet. 37 Milliarden Mark Zinsen mußten bezahlt werden, bei Mehreinnahmen von kaum 13
   Milliarden Mark.
   Im Jahr 1982 hat sich das Verhältnis noch weiter
   verschlechtert. Die *Zinsausgaben* dürften bei
   einer kumulierten Staatsschuld von 534 Milliarden Mark zu Jahresbeginn 1982 (und im Jahres-
   verlauf schnell auf 600 Milliarden gestiegenen

Verpflichtungen) an die 50 Milliarden Mark betragen (das Zinsniveau liegt bei über 8 Prozent), während die *Mehreinnahmen* wegen der vollends zusammengebrochenen Konjunktur mit einer Super-Pleitenwelle, die mehr Betriebe auf dem Gebiet der Bundesrepublik vernichtete als im ganzen Deutschen Reich 1931/32, kaum die Vorjahreszahl erreichen dürften.

2. Die *maximale Lebensdauer* der bundesdeutschen öffentlichen Hände wurde so errechnet: Wir nehmen nur den Anstieg der Staatseinnahmen, wie er sich in den letzten zehn Jahren im Durchschnitt ergeben hat und wir stellen dem gegenüber nur den Anstieg der Zinsausgaben, ebenfalls nach Durchschnitt der letzten zehn Jahre. Wenn die Zinsen höher sind als alle Staatseinkommen zusammen, ist spätestens Schluß.

Die Zinsausgaben-Berechnung setzt bei den 50 Milliarden Mark ein, die derzeit realistisch ist. Die Staatseinnahmen (1982) wurden mit 470 Milliarden angesetzt. Die Zinslast stieg um etwa 15 Prozent im Jahresdurchschnitt. Die Staatseinnahmen wuchsen um etwa 7 Prozent, also nur halb so schnell.

Alle 5 Jahre etwa verdoppeln sich die Zinsausgaben, alle zehn Jahre die Staatseinnahmen.

In etwas mehr als 30 Jahren schneiden sich die beiden Kurven: Die Staatseinnahmen sind dann so hoch, wie die laufenden jährlichen Zinsverpflichtungen. So lange könnte sich die Bundesrepublik aber längst nicht über Wasser halten. *Ein Staat, der sichtlich nur noch dazu da ist, Zinsen für die früher gemachten Schulden zu zahlen und sonst kaum noch Ausgaben leisten kann, ist sehr bald fertig.* Um es dennoch festzuhalten: Selbst wenn der Staat alle sonstigen Ausgaben ersatzlos streichen könnte, bräche die Bundesrepublik Deutschland spätestens im Jahre 2012 finanziell zusammen. So oder so.

Das wäre dann der vierte deutsche Staatsbankrott in weniger als 100 Jahren.

3. Nun können wir noch nach einem Modell »Herkules« rechnen, also, wenn ein Supermann käme, von der Art eines Finanzministers Franz Josef Strauß, der das äußerste versucht, um die Staatsfinanzen zu sanieren. Die Einnahmen steigen wie der Durchschnitt der letzten zehn Jahre, also um etwa 7 Prozent pro Jahr. Die Ausgaben steigen nur wie die geringste in den letzten zehn Jahren erreichte Zahl, das waren 1977 knapp 6 Prozent.*) Die letzten Staatseinnahmen (1982) sind mit 470 Milliarden angesetzt, die letzten Ausgaben mit 560 Milliarden.

Eine Begrenzung des jährlichen Ausgabenplus auf 6 Prozent ist fürwahr eine Herkules-Arbeit, weil die Ausgaben für die Zinsen allein 1981 um 25 Prozent angestiegen sind; wer also dann 6 Prozent im Durchschnitt erreichen will, muß bei den anderen Ausgaben erheblich weniger Anstieg zulassen als die durchschnittlich angepeilten 6 Prozent.

---

*) Die Politiker haben zwar immer von einer »Begrenzung« ihrer Haushalte auf »vier Prozent« (so z. B. Finanzminister Matthöfer) geschwafelt, aber davon war nie die Rede.

Dann sieht es nach zwölf Jahren so aus: Die Staatsausgaben haben sich verdoppelt, sie betragen 1120 Milliarden Mark. Die Staatseinnahmen haben aber immer noch nicht die Ausgaben eingeholt, sie liegen bei runden 1 080 Milliarden. Noch immer also fehlen rund 40 Milliarden Mark im Jahr; entsprechend vergrößert sich die Staatsschuld, und zwar in den 12 Jahren um durchschnittlich etwa 65 Milliarden Mark. Pro Jahr.

Selbst Herkules muß scheitern. Denn Mitte der 1990er Jahre würde selbst bei einer extremen Sanierungspolitik eine Staatsschuld von etwa 1,4 Billionen Mark aufgelaufen sein.

Die Zinslast würde beim drei- bis fünffachen der heutigen Zinsen liegen, je nach Zinssatz zwischen 110 und 170 Milliarden Mark.

Die gesamte Geldvermögensbildung des Jahres 1981 lag bei knapp 200 Milliarden Mark. Ein Drittel davon nahm sich die öffentliche Hand. 1980 war es erst ein Viertel, in der ersten Hälfte der 70er Jahre ein Siebtel. Selbst bei einer Herkules-Politik würde die öffentliche Hand Mitte der 1990er Jahre zwischen 150 und 210 Millionen Mark neue Schulden aufnehmen müssen (40 wegen Einnahmen-Unterdeckung und 110/170 wegen Zinsen, die man »umschuldet«). Selbst wenn sich die Geldvermögensbildung bis dahin verdoppeln könnte, was summenmäßig bei stark reduzierten Wachstumsraten kaum wahrscheinlich ist, würde die öffentliche Hand die Hälfte der gesamten Ersparnisse für ihre Neuverschuldung absorbieren – ganz abgesehen von den laufenden »Umschuldungs-Operationen, weil ja kein Pfennig alter Staatsschulden zurückgezahlt wird.

Wenn der Staat endlich jede zweite Mark, die umgesetzt wird, nicht nur ausgibt, sondern auch jede zweite Mark, die gespart wird, aufnimmt, kann eine freie Wirtschaft, die allein schließlich für die Steuern und damit für den Staat sorgen kann, kaum überleben. Selbst unter Herkules scheint das Ende der bundesdeutschen Staatswirtschaft in der zweiten Hälfte der 1990er Jahre gekommen.

4. *In Wirklichkeit geht es aber viel schneller.* Denn weder ist ein Herkules in Sicht noch die Wahrscheinlichkeit, daß der Zuwachs der Ausgaben jemals wieder vom Zuwachs der Einnahmen eingeholt werden könnte.

Vielmehr werden wir die Lebenserwartung der Bundesrepublik Deutschland noch kurzfristiger terminieren müssen. Dazu müssen wir uns nur an die Zahlen halten, die *derzeit aktuell sind*: also die jüngsten Steigerungen bei den Staatseinnahmen und den Zinsen. Die Staatseinnahmen wuchsen 1981 um 3 Prozent, im Jahr 1982 wird das kaum mehr sein. Die Zinsausgaben stiegen 1981 um 24,5 Prozent, dieser Anstieg wird 1982 kaum geringer ausfallen.

Dann nehmen wir noch die Augangszahlen: 460 (für 1981) Staatseinnahmen und 36,5 (für 1981) die Zinsausgaben. Die Rechnung ist dann ganz einfach die: wann hat das Flugzeug die kleine Schwalbe eingeholt?

Knapp alle drei Jahre verdoppelt sich beim gegenwärtigen Tempo die Zinslast der öffentlichen Hand. 1980 zahlte der Staat 29,4 Milliarden Mark Zinsen. 1981: 36,5 Milliarden. 1984 sind das hochgerechnet dann: 73 Milliarden. 1987: 146 Milliarden. 1990: 292 Milliarden. 1993: 584 Milliarden. In 12 Jahren von 1981 ab gerechnet liegt die Zinslast des deutschen Staates schon erheblich über den Staatseinnahmen des Jahres 1981, und zwar den *gesamten*.

Die ganzen Staatseinnahmen sind aber bis in 12 Jahren nur um 50 Prozent, auf 690 Milliarden Mark gestiegen.

Und irgendwann im Jahre 1994 liegen die Zinsen, die der deutsche Staat seinen Schuldnern zahlen muß, höher als die Staatseinnahmen, die er überhaupt noch einkassiert.

Setzt sich also die gegenwärtige Entwicklung, der Jahre 1980/82 etwa, fort, tritt der Staatsbankrott der Bundesrepublik Deutschland in der Mitte der 1990er Jahre ein. Allerspätestens. Denn es ist unwahrscheinlich, daß sich alle Sparer erneut so willig zur Schlachtbank führen lassen, wie schon zweimal in diesem Jahrhundert. Vermutlich wird der Staats-»Kredit«, die Basis überhaupt noch, den Staat liquide zu halten, schon lange vorher zusammenkrachen. Kein Mensch wird mehr öffentliche Papiere zeichnen und von Banken und Sparkassen, die noch nachweislich dem Staat Kredite geben, wird jeder vernünftige Mensch längst sein Konto abgehoben haben.

Seit Beginn der 1980er Jahre läuft die Uhr. Die Bundesrepublik Deutschland hat mit ihrem Finanzgebaren den Point of no return überschritten. Die maximale mögliche Frist, die der Staat bei seinem gegenwärtigen Treiben haben kann (alle Steuern werden zum Schluß nur noch für die Zinsen ausgegeben), läuft im Jahre 2012 ab.

Selbst wenn Herkules persönlich die Dinge in die Hand nähme und die Einnahmen langsam wieder über die Ausgaben höbe, wären die finanziellen Probleme in der zweiten Hälfte der 1990er Jahre so groß, daß die Staatswirtschaft nicht überleben könnte. Der normale und ganz wahrscheinliche Fall aber sieht so aus, daß man wirtschaftet, wie bisher (also nicht etwa noch schlechter, sondern nur wie gewohnt), dann steht der Staatsbankrott der Bundesrepublik spätestens im Jahre 1994 in der Tür. Dann müßten alle Steuern für die Zinsen gezahlt werden.

Da niemand so lange warten wird und warten kann, denn wo bleiben die Soldaten, die Beamten, die Rentner, die Arbeitslosen und wir alle, wird der deutsche Staatsbankrott bei Würdigung aller Umstände und vor allem des Langmuts der Bevölkerung durchaus noch im Laufe dieses Jahrzehnts zu erwarten sein.

Etwa zwischen 1986 und 1988?

»Der Staat kann doch nicht pleite gehen«

Wenn ich vom Staatsbankrott rede, tippen die Leute gern an die Stirn und meinen: »Der Staat hat doch riesige Vermögen, der kann doch gar nicht pleite gehen«. Und in der Tat gibt es immer wieder Versuche, den Staatsbankrott hinauszuschieben, indem die Politiker Staatsvermögen verkaufen.

Das war schon im Mittelalter so, als die Kaiser und Könige regelmäßig ihren Kronschatz einschmelzen mußten, die Juwelen beliehen oder Staatsland verpachteten, schließlich verkauften. Die Finanzgeschichte ist voll von grotesken Beispielen. Wenn der Staat ganz besonders pleite war, gab er sich sogar selber her. So verpachtete Frankreich das Recht, Steuern einzutreiben. Friedrich der Große verlieh seine Geldfabrikations-Stätte, die Münze, die daraufhin ganz besonders minderwertiges Geld produzierte.

In der Gegenwart sind »Entstaatlichungen« seltener, sie sind auch nicht mehr so dringend erforderlich, weil der Staat ja die wichtigste Fabrik fest in der Hand hat: die, wo das Geld gedruckt wird. In Frankreich hat der Sozialist Mitterrand sogar das ganze Bankensystem an der Hand, das ihm natürlich jede gewünschte Summe »vorstrecken« kann, während die meisten anderen Politiker sich mit der staatlichen »Zentralbank« begnügen müssen. Entstaatlichungen, die heute vorkommen, sind zumeist ideologisch motiviert. Da werden »Volksaktien« von ehemaligen Staatsbetrieben ausgegeben, wie unter der bürgerlichen Regierung in Deutschland. Oder es werden Staatsbeteiligungen, ja sogar Ölfelder, privatisiert, wie unter der konservativen Regierung Thatcher in Großbritannien. Auch hört man vereinzelt von der Privatisierung der Müllabfuhr in einigen deutschen Gemeinden und weiterem Abstoßen kommunaler Dienste.

Das ganz große Staatsvermögen aber wird nicht unters Volk gebracht, ganz einfach, weil das Volk auch damit gar nichts anfangen könnte. Wer kauft schon Truppenübungsplätze oder Gebirgskämme? Die Gebietskörperschaften machen meist jährlich auch eine Vermögensaufstellung. So der Bund, die »reichste« deutsche Vermögensmasse in seinen jeweiligen »Finanzberichten«. Im Bericht für 1982 waren per Ende 1980 diese Zahlen angegeben:

Betriebsvermögen	**8,46 Milliarden Mark**
Allgemeines Kapital-	
und Sachvermögen	**73,89 Milliarden Mark**
Treuhandvermögen	**5,25 Milliarden Mark**
Vermögen des Bundes	
insgesamt	**87,62 Milliarden Mark**

Diese Summe muß man nur unter die Lupe nehmen, um zu sehen, was los ist.

Beim *Betriebsvermögen* sind vor allem die Kapitalbeteiligungen nennenswert: bei Unternehmen des privaten Rechts 7,7 Milliarden Mark (z.B. VW, Veba, Salzgitter). Dieses Vermögen wäre unter Umständen, wenn auch mit fallenden Kursen, an der Börse zu verkaufen.

Beim *Kapital- und Sachvermögen* ist der größte Posten (23 Milliarden) Darlehen an Gebietskörperschaften, also Geld, das beim Staatsbankrott gerade *nicht* einbringbar ist, weil die anderen öffentlichen Körperschaften dann auch nichts mehr haben. Weiter 22 Milliarden Mark sind »sonstige Geldforderungen«, die erst recht à fonds perdu sind, da sie an Staaten in der *Dritten Welt* gegeben wurden, die auf jeden Fall noch *vor* der Bundesrepublik Deutschland pleite machen werden; allein 19,6 Milliarden sind »Forderungen an die Kreditanstalt für Wiederaufbau für Darlehen an Entwicklungsländer« – ein Aktivposten, der hinreichend für sich selbst spricht.

Unter das *Treuhandvermögen* fallen u. a. 1,7 Milliarden Mark für Bergarbeiterwohnungen, die der Staat schlecht an Bauspekulanten verkaufen kann, wenn es mit ihm zu Ende geht. 3,4 Milliarden sind »Zweckvermögen bei der Deutschen Siedlungs- und Rentenbank«, also ebenfalls für Wohnzwecke und ebenfalls nicht liquidisierbar.

Daß der Staat also »vermögend« sei, ist eine Fiktion. Die sonstigen Staatsbetriebe sind zum Teil auch unverkäuflich, weil sie schon von sich aus bankrott sind, wie die Eisenbahnen, die Nahverkehrsbetriebe, Universitäten, Arbeitsämter, Krankenhäuser, Rentenversicherungen usw. Die staatlichen Grundstücke in guten Lagen sind nicht gerade häufig. Und wenn ein Rathaus tatsächlich privatisiert würde, müßte der Staat anschließend zur Miete wohnen, was ein neues Ausgabenproblem schafft. Selbst die vielgerühmten Industriebeteiligungen sehen mager aus, wenn man sie aus der Nähe betrachtet. In Deutschland sind das Beteiligungen am Volkswagenwerk und an Veba oder dem Konzern Salzgitter, der selbst in den roten Zahlen steckt. Wenn der gesamte marktgängige Staatsbesitz flott verkauft würde, kämen beim besten Willen nicht mehr als zehn, vielleicht sogar 20 Milliarden Mark in die Kasse. Damit wäre das Defizit von drei Monaten gedeckt und dann ginge es mit der Schuldenmacherei so weiter, wie bisher.

Abgesehen davon ist ein Bankrott nicht nur ein Überschuldungsproblem, wo man also die Aktiva den Passiva gegenüberstellt und hofft, daß sich ein Plus ergibt. Der Bankrott heißt Zahlungseinstellung, und das ist ein *Liquiditätsproblem*. Wer nichts mehr in der Kasse hat, kann nicht mehr zahlen, egal wie schön das Haus aussieht, in dem die Kasse steht. Die »Liquidisierung« des Staatsvermögens wäre, wenn sich überhaupt Käufer fänden, ein Prozeß, der sich über Jahre hinzieht. Bevor die Sparer Aktien einer Deutschen Telefon AG zeichnen, über die das Fernmelde-Monopol des Staates privatisiert wird, würde die Post erst einmal gebeten, ihre neun Milliarden Anleiheschulden zurückzuzahlen. Und dann bliebe der Staat auf seinem alten Post-Sektor sitzen (Briefe, Pakete), wo jährlich Milliarden-Verluste eingefahren werden, womit der Privatisierungsgewinn aus dem Telefon-Sektor alsbald verschwunden wäre.

Die gesamten deutschen Spareinlagen betragen knapp 500 Milliarden Mark. Das ist der größte einzelne Vermögensposten des ganzen Landes. Doch selbst wenn wir morgen alle unsere Sparbücher dem Staat schenken würden – er käme damit nicht hin. Seine Schulden liegen schon bei über 600 Milliarden Mark.

Kommt wieder eine deutsche »Währungsreform«?

Eine Währungsreform wird benötigt, sobald die Landeswährung durch Inflation ruiniert wurde. So war es 1923, nach einer offenen Inflation. So war es 1948 nach einer verdeckten Inflation. Da die Preise amtlich »gestoppt« waren, konnte man nur am Wert der Waren auf dem »schwarzen« Markt erkennen, wie stark die Währung inzwischen schon verfallen war. Der Endeffekt war beide Male natürlich völlig derselbe.

Ob es zu einer dritten Währungsreform in Deutschland in diesem Jahrhundert kommt, ist ausschließlich abhängig von der Beantwortung der Frage: Kommt eine dritte große Inflation?

Eine solche große Inflation ist nur möglich, wenn der Staat *direkten Zugang zur Notenpresse* erhält. Das heißt: wenn er – vor, während oder nach seinem Bankrott – Geld in Umlauf setzen kann, das er nicht vorher auf dem Kreditwege bei seinen Bürgern aufnehmen mußte.

Rein technisch läuft auch der Griff zur Notenpresse wie eine »Kreditgewährung« ab, diesmal aber der Notenbank. Der Staat schreibt weiter Schuldscheine aus, aber die werden nicht mehr den *Geschäfts*banken angeboten, die das Geld für die Schuldscheine letztlich nur aufbringen können, indem sie es beim Sparer holen. Die »neuen« Schuldscheine werden der *Noten*bank gegeben, die im Gegenzug dem Staat eine Gutschrift erteilt oder Bargeld aushändigt, das nicht schon *vorher* im Lande war, beim Sparer zum

Beispiel. Das Geld, das die Notenbank dem Staat dann gibt, wird frisch fabriziert. *Das* ist die entscheidende Inflationsquelle.

Da die Deutschen in diesem Jahrhundert schon zweimal alles Geldvermögen verloren haben, steht im Bundesbank-Gesetz eine ganz entscheidende Bestimmung:

§ 20 Geschäfte mit öffentlichen Verwaltungen

(1) Die Deutsche Bundesbank darf mit öffentlichen Verwaltungen folgende Geschäfte betreiben:

1. dem Bund, den nachstehend aufgeführten Sondervermögen des Bundes sowie den Ländern kurzfristige Kredite in Form von Buch- und Schatzwechselkrediten (Kassenkredite) gewähren. Die Höchstgrenze der Kassenkredite einschließlich der Schatzwechsel, welche die Deutsche Bundesbank für eigene Rechnung gekauft oder deren Ankauf sie zugesagt hat, beträgt bei

   a) dem Bund sechs Milliarden Deutsche Mark,

   b) der Bundesbahn sechshundert Millionen Deutsche Mark,

   c) der Bundespost vierhundert Millionen Deutsche Mark,

   d) dem Ausgleichsfonds zweihundert Millionen Deutsche Mark,

   e) dem ERP-Sondervermögen fünfzig Millionen Deutsche Mark,

   f) den Ländern vierzig Deutsche Mark je Einwohner

Dem »Staatskredit auf die schnelle« ist an sich ein Riegel vorgeschoben. Erst wenn diese Bestimmungen von § 20 des Bundesbank-Gesetzes mit der *Begrenzung des Kassenkredits* geändert oder aufgehoben wird, ist mit der nächsten großen Voll-Inflation der deutschen Währung zu rechnen.

Solange der Kassenkredit der Deutschen Bundesbank beschränkt bleibt und nicht andere, ähnlich wirkende Finanzierungstricks erdacht werden, wird die Währung der Bundesrepublik zwar im »normalen« Tempo, wie bisher, wertlos werden. Aber sie wird nicht in kürzester Zeit völlig verfallen.

Achten Sie freilich auf solche Finanzierungs-Tricks, die folgendermaßen denkbar sind:

- Die Bundesbank, die dem Staat gehört und die ihre Gewinne an den Staat abführen muß, wird gezwungen, *ihre »stillen Reserven« auszuschütten.* Stille Reserven liegen vor allem im Goldbestand von mehr als zweieinhalbtausend Tonnen, die zu einem erheblich niedrigeren Einstandskurs bewertet sind. Aus dem zu »Markpreisen« bewerteten Goldbestand würde automatisch ein Gewinn von mindestens 60 Milliarden Mark (je nach aktuellem Goldpreis).

  Was ein »Ausschütten« von einem solchen »Gewinn« von 60 Milliarden Mark für unsere Währung bedeuten würde, erkennen Sie bei einem Blick auf das gesamte umlaufende *Bargeld*: es liegt bei runden 90 Milliarden Mark.

- Die Bundesbank wird gezwungen, *Staats-Titel auf Umwegen zu kaufen.* Sie muß dann also Bundesanleihen, Bundesobligationen, Schatzbriefe usw. entweder aufkaufen oder zu sehr niedrigem Zins beleihen. Auf diesem Wege könnte zum Beispiel die gesamte Bundesschuld, die bei über 300 Milliarden Mark liegt, sozusagen über Nacht in Richtung Bundesbank verschoben werden. Alle stecken ihre Schatzbriefe, Schuldscheine usw. in einen Umschlag, schicken ihn nach Frankfurt und erhalten im Gegenzug eine Gutschrift auf ihrem Konto. Auch dieses wäre natürlich frisch gedrucktes Geld, sozusagen auf indirektem Wege »Staat-Sparer-Notenbank« (statt auf dem direkten Weg »Staat-Notenbank«).

Was eine »Refinanzierung« der gesamten Staatsschulden in Höhe von 600 Milliarden Mark bedeutet,
erkennt man ebenfalls unschwer bei dem Blick auf
die umlaufende Bargeld-Menge: wie gesagt rund 90
Milliarden Mark.

Die ganz speziellen deutschen Risiken

Die Untersuchung über den Staatsbankrott behandelt naturgemäß große Summen, die »Aggregatgrö-
ßen«, die sich aus den Staatseinnahmen und Staatsausgaben ergeben, und ihre immer weiter auseinan-
derstrebende Tendenz.
Dabei enthält jede Staatswirtschaft ganz spezielle
Risiken, also Größen, die schneller außer Kontrolle
geraten als andere. Zum Beispiel werden die Ausgaben für Dienstfahrzeuge der höheren Beamten trotz
aller Verschwendungssucht der öffentlichen Verwaltung nicht gerade explodieren. Eine moderate Entwicklung ist auch für Ausgaben etwa des Bundespräsidenten oder des diplomatischen Dienstes typisch:
man kann nicht mehrere Bundespräsidenten gleichzeitig haben und die Zahl der Botschafter ist auf die
Zahl der Staaten dieser Erde begrenzt.
Aber es gibt Ausgaben, die sich längst verselbständigt haben bzw. Risiken, die vor allem dann zu Tage
treten, wenn die Staatsbankrotts-Kaskaden anfangen, loszurauschen:
● Ausgaben für die Subventionierung der *Arbeitslo-*

sigkeit. Die Ausgaben der Bundesanstalt für Arbeit, die die deutsche Erwerbslosigkeit verwaltet, lagen 1970 noch unter 4 Milliarden Mark im Jahr. 1981 war mit über 28 Milliarden Mark Ausgaben bereits eine *Versiebenfachung* eingetreten.

Die Ausgaben für die Arbeitslosenunterstützung allein stiegen dabei um das *Zwanzigfache*: Von 715 Millionen auf 14,6 Milliarden Mark. Damit die Bundesanstalt für Arbeit nicht die Zahlungen einstellte, mußte der Bund 1980 eine »Liquiditätshilfe« von 1,8 Milliarden leisten, im Jahr 1981 bereits von 8,2 Milliarden. Im Jahr 1982 wird diese Liquiditätshilfe weit über zehn Milliarden Mark betragen, schließlich hat sich die Lage am Arbeitsmarkt nicht gerade entspannt. Die Zahl der Arbeitslosen wird Anfang 1983 um gut 50 Prozent über der Zahl zu Beginn des Jahres 1982 liegen (damals: 1,3 Millionen).

● Ausgaben für die Subventionierung der *Altersversorgung.* Seit Jahren ist die deutsche Rentenversicherung in Schwierigkeiten, deren Ursachen vor allem in der – von allen Parteien verabschiedeten – großen »Rentenreform« im Vorfeld der vorgezogenen Bundestagswahlen von 1972 zu suchen sind. Dies ist hier nicht im einzelnen zu diskutieren; das Buch »Das Rentenrisiko« von Fides Krause-Brewer (Stuttgart, 1980) gibt die entsprechenden Details der Entwicklung in bester Form wieder.

Bereits nach der Bundestagswahl von 1976 kam es zu dem, was der CDU-Politiker Heiner Geißler den »politischen Rentenbetrug« nannte – die Abkehr von der »Regelanpassung« (dem Prinzip, die Renten gemäß den Bruttolöhnen früherer Jahre steigen zu lassen) 1979–1981. Dies war schon nichts anderes als eine Form des *teilweise erklärten Staatsbankrotts*, indem der Staat seinen gesetzlichen Verpflichtungen nicht mehr nachkommen konnte.

Die staatliche Altersversorgung, betrieben durch die Rentenversicherungen für Arbeiter und Angestellte, arbeitete seit Beginn als eine Art großer »Durchlaufposten«. Im Gegensatz zu dem privatwirtschaftlichen Versicherungs-Prinzip wurde beim Staat *kein Vermögen* gebildet. Es wird das ausgezahlt, was einkommt und vice versa. Dazwischen liegt eine winzige »Schwankungsreserve«, ein Pölsterchen von knapp zwei Monatsausgaben. Mit anderen Worten: Würden zwei Monate lang die Sozialabgaben nicht geleistet (oder mit einer Verzögerung um zwei Monate), stellt die staatliche Altersversicherung vollständig die Zahlungen ein. Die jährlichen Ausgaben der Rentenversicherung liegen bei ungefähr 150 Milliarden Mark, womit das Risiko für die öffentliche Hand, die letztlich die Zahlungen der Rentenversicherer *garantiert*, hinreichend beschrieben ist. Die aktuellen Zuschüsse des Bundes zur Altersversorgung liegen bei etwa 17 Prozent der Ausgaben, mit jetzt unabwendbar steigender Tendenz.

Denn: Die Rentenversicherer werden ihre hochgerechneten Einnahmen aufgrund der zusammengebrochenen Konjunktur nicht erreichen können. Die Deutsche Bundesbank hat in ihrem Monatsbericht im April 1982 die Finanzentwicklung der gesetzlichen Rentenversicherung wie folgt beschrieben: »Die Rentenversicherung dürfte ... 1982 erneut in die Defizitzone geraten und auch im folgenden Jahr im Minus bleiben.« Und: »Ein Lohnanstieg von 4 ½%, wie er sich 1982 vielleicht ergeben dürfte, würde, wenn er sich in dieser Höhe mittelfristig fortsetzte, dazu führen, daß die Schwankungsreserve bereits 1985 unter den Wert einer Monatsausgabe sinkt.« Und schließlich: »Lediglich bei Annahme eines langfristigen Lohnanstiegs von 7 % pro Jahr würde die Rücklage bis 1996 über der Mindestgrenze bleiben.«

Ein Lohnanstieg von 7 Prozent pro Jahr, und das die nächsten 15 Jahre lang, setzt aber entweder ein wirtschaftliches Mirakel voraus – einen völlig unerhörten, neuen Wachstumsschub, wie wir ihn – aufgrund des geringen Staatsanteils – zuletzt in den 1950er Jahren hatten. Oder: Inflation, die wiederum als perfideste Form des Staatsbankrotts die Rentner ganz besonders träfe.

● Ausgaben bei *Fälligkeit der Staatsbürgschaften*. Unter Nr. 4/82 hat der Bundesfinanzminister am 2. März 1982 eine »Vorlage – VS-NUR FÜR DEN DIENSTGEBRAUCH« herausgegeben, die den Jahresbericht über die vom Bund übernommenen Gewährleistungen wiedergibt. Danach muß der Bund im Notfall für 262 Milliarden Mark (!) geradestehen. Notfall bedeutet: Wenn die Leute nicht bezahlen, die bezahlen sollten. Das reicht vom Exportgeschäft bis zum verbürgten Finanzkredit. Bezogen auf das Haushaltsvolumen 1981 sind das 107,1 Prozent. Das heißt: *Der Bund haftet für Forderungen, die höher sind als das Volumen seines ganzen Geschäftsjahres.*

Es ist zwar nicht anzunehmen, daß gleich alle Bundesbürgschaften mit einem Schlag fällig werden, weil überhaupt niemand mehr zahlt; aber die Welle von Staatsbankrotten, die bereits läuft, wird tiefe Spuren im Zahlenwerk der Nation hinterlassen. Es kommt über diese Bürgschaften genau zu dem in Abbildung 13 angeführten Folge-Effekt: *Die Staaten mit Devisen-Bankrott reißen die restlichen Staaten in den Liquiditäts-Bankrott.*

In der VS-Vorlage des Bonner Finanzministers wird – typisch für Ablauf und Folge-Effekte – besonders auf die finanziellen Verpflichtungen im Außenwirtschaftsverkehr mit den »Staatshandelsländern einschließlich Jugoslawien«, also dem »Ostblock« hingewiesen. Die Bonner Bürgschaften »für Ausfuhrgeschäfte, ungebundene Finanzkredite sowie für Kapitalanlagen« beliefen sich Ende 1981 auf 30,8 Milliarden Mark. Und in Sachen Volksrepublik Polen heißt es: »Das Obligo (aus den Gewährleistungen für ungebundene Finanzkredite) beträgt einschließlich Zinsen rund 3,45 Milliarden Mark«. Polen ist bekanntlich seit längerem zahlungsunfähig, so daß einer Inanspruchnahme des Bundes demnächst nichts mehr im Wege steht ...

Sehr hübsch ist übrigens noch die letzte Position in dieser ministeriellen Aufstellung: ein zinsloses Darlehen an Jugoslawien aus dem Jahre 1956 über 240 Millionen Mark mit »99 Jahren Laufzeit«. Wenn dieser Kredit im Jahre 2055 zurückgezahlt wird, beträgt seine Kaufkraft beim gegenwärtigen Verfall der Deutschen Mark *weniger als 500 000 Mark.*

So nimmt denn ein Staat den anderen bei der Hand und führt ihn in den Untergang.

Die Hoffnung

Wie sich der Bürger schützen kann

»Ein Recht auf Kredit gibt es nicht«

Wilhelm Schimmelpfeng, 1873

Was ein Staatsbankrott in Wirklichkeit bedeutet

»Wenn der Staat pleite macht«, erklärte der große Bankier Carl Fürstenberg, »geht natürlich nicht der Staat pleite. Sondern seine Bürger«.
Dem ist nichts hinzuzufügen.
Staatsschulden sind nichts anderes als Ansprüche des Publikums an sich selbst. Das Publikum wurde von den Politikern betört. Ihm wurde weisgemacht, es könne staatliche Segnungen kassieren, ohne dafür bezahlen zu müssen. Im Grunde genommen wollte der vom Staat verwöhnte Bürger *zweimal kassieren*: einmal die Annehmlichkeiten des Sozialstaates, BAFöG, Wohngeld, Kindergeld. Und dann noch ein zweites Mal: nämlich die Zinsen für diese Ausgaben. Nehmen wir an, der Staat will es seinen Bürgern ganz besonders angenehm machen. Er verzichtet überhaupt auf Steuereinnahmen. Die Finanzämter werden geschlossen, die Steuerfahnder gehen stempeln. Alle sind glücklich. Denn der Staat behält seine »Leistungen« selbstverständlich weiterhin bei: BAFöG, Kindergeld, Wohngeld und so weiter. Auf so etwas hat doch jeder seinen Anspruch!
Die Finanzierung ist auch kein Problem. Denn der Staat hat ja Kredit bei seinen Bürgern. Er legt schikke Staatsanleihen auf mit tollen Zinsen: 10 Prozent, 15 Prozent, 20 Prozent. Die Bürger zeichnen die Anleihen, der Staat kann BAFöG, Kindergeld und Wohngeld bezahlen. Und so weiter und so weiter. Die Bürger sind so richtig stolz auf ihren Staat und seine Politiker. Es ist ein Paradies. *Man bekommt al-*

*les, was man will, und dafür auch noch Zinsen, daß
man alles bekommen hat, was man wollte.*
Nur leider geht das Märchen eines Tages doch zu Ende. Dann werden die Bürger freundlichst ersucht, ihre Staatsanleihen zu nehmen und damit die Keller-
wände zu tapezieren.

Was Sie also tun müssen, um nicht wieder alles zu verlieren

Wer die Folgen der laufenden und der kommenden
Staatsbankrotte für sein privates Vermögen vermeiden will, muß dieses beachten:
1. Grundsätzlich *keinem* Staat mehr Geld anver-
trauen. Dies gilt unbeschadet der verlockenden Zinsen, die Staaten immer wieder bieten, zumal, wenn
sich die finanzielle Schlinge um ihren Hals immer en-
ger legt.
Gerade das Beispiel des mexikanischen Staatsbankrotts von 1982 ist da sehr lehrreich. Zahllose amerikanische Anleger hatten ihr Geld in Mexiko angelegt, weil dort noch höhere Zinsen geboten wurden
als in den vom Zins durchaus nicht unbegünstigten
US-Markt. Sie sehen sich nun getäuscht und müssen
auf die Rückzahlung ihres Geldes sehr lange, wenn
nicht vergeblich warten. Ähnliches gilt für die däni-
schen Anleihen mit ihren Fabelzinsen, für die französischen, für die englischen Staatspapiere, usw.
Der Tag, da nicht mehr zurückgezahlt wird, kommt
garantiert. Selbst wer extrem gute Nerven hat und

den Staatsbankrott-Kandidaten der unmittelbaren Zukunft Geld mit dem Argument anvertraut, er würde schon noch »rechtzeitig aussteigen«, kann über Nacht enteignet sein.

Es ist eine Konstante der Finanzgeschichte, daß sich die Gläubiger gerade bei Staaten, den »untadeligen« Schuldnern, immer wieder vertan und Milliarden verloren haben. Die Oberdeutschen verloren im 16. Jahrhundert ihr Vermögen, die Pariser Rentner im 18. Jahrhunder. Die Österreicher wachten eines Tages im Jahre 1811 auf und stellten fest, daß ihre Ersparnisse, die sie dem Staat anvertraut hatten, abgewertet waren. Die französischen und englischen Sparer verloren beim russischen Staatsbankrott von 1917 ein Vermögen in heutiger Kaufkraft von umgerechnet etwa 200 Milliarden Mark. Die deutschen Sparer mußten zweimal in diesem Jahrhundert wieder bei Null anfangen.

2. Das Gebot *keinem* Staat mehr Geld anzuvertrauen, gilt auch, wo der Staat noch relativ »gesund« aussieht, wie in der Bundesrepublik Deutschland. Auch hier *muß* in der einen oder anderen Form eine Enteignung der Staats-Gläubiger stattfinden. Dies kann alle möglichen, auch graduellen Formen annehmen: von einer neuen Form der Besteuerung (»Quellenabzugsverfahren«) über einen Prolongations-Zwang (unter dem die deutschen Kreditinstitute derzeit stehen) bis hin zur schlichten Erklärung im Rahmen eines »Haushaltssicherungs-Gesetzes«, daß Tilgungszahlungen ausgesetzt oder die Zinsen stillschweigend erst mal zum Kapital geschlagen werden.

3. Auf keinen Fall darf man sich in Forderungen einsperren lassen, die auf *Währungen* lauten, die der Schuldner-Staat nicht beibringen kann. Staaten, die Forderungen verkaufen, die nicht auf ihre Landeswährung lauten, sind absolut keine Kunden, mit denen der Sparer Geschäfte machen darf.

Sämtliche Anleihen von Staaten, die nicht auf deren Landeswährung lauten, sind daher als erstes und *sofort* zu verkaufen. Das betrifft nicht nur die Dollar-, Pfund- und D-Mark-Anleihen der Lateinamerikaner und der Entwicklungsländer, sondern auch solche Exoten, wie die eine Anleihe der polnischen Außenhandelsbank Handlowy, Warschau, die auf Schweizerfranken lautet – eine Währung, die Polen einfach nicht herbeischaffen kann.

4. Da sich die Staatsbankrotte in mehr oder minder starken Inflationierungen äußern oder dorthin münden werden, ist das sicherste Gegenmittel – wie immer in der Geschichte – der *Sachwert*.

Bei einer solchen »realen« Anlage sind zu unterscheiden:

- Sachwerte, die einem *Staatszugriff* unterliegen und
- Sachwerte, die *außerhalb staatlichen Zugriffs* parkiert werden können.

Zugriffsfähige Sachwerte sind zunächst einmal Immobilien, die, wie ihr Name schon sagt, sich nicht bewegen lassen. In seinem verzweifelten Bemühen, den Tag der Zahlungseinstellung hinauszuzögern, wird jeder Staat noch versuchen, beim Immobilien-Besitzer abzukassieren. Immobilien sollten daher keine besondere Angriffsfläche für staatlichen Zugriff bieten, sie sollten möglichst keinen »herausfordernden Charakter« tragen. Es ist besser, vier kleine Wohnungen zu besitzen, die auch regional gestreut sein sollten, als eine große »Villa«.

Zugriffsfähige Sachwerte sind auch Kunstgegenstände und Wertsachen, die man in dem Hoheitsgebiet aufbewahrt, in dem auch der Staat operiert, der in Finanzproblemen steckt. Es empfiehlt sich daher, mobile Sachwerte *zugriffssicher* aufzubewahren: entweder in Staaten mit unberührbarem Bankensystem (z. B. Schweiz) oder in Staaten mit unberührbarer Eigentumsordnung (z. B. USA).

Die Sachwerte sollten zudem in jenen Staaten aufbewahrt bzw. parkiert werden, die möglichst spät in Zahlungsschwierigkeiten kommen. Entsprechend spät wird sich erst das Augenmerk des betreffenden Finanzministers auf die sich für eine zusätzliche Besteuerung bzw. Enteignung anbietenden Gegenstände richten.

5. Der Sachwert sollte dabei im Rahmen der finanziellen Möglichkeiten des Anlegers *mit Krediten aufgebaut werden*. Dies ergibt sich schon aus der simplen Tatsache, daß mit Schulden finanzierte Sachwerte den möglichen Zugriff des Staates in seiner Endphase vermindern: der Bürger kann immer auf das *belastete* Vermögen hinweisen.

Daneben läuft das altbekannte »Real«–Argument für den Anleger: seine *Schulden* sind eine einmal feststehende Größe, während sich sein *Vermögen* analog zur allgemeinen Geldentwertung entwickeln muß.

6. Beim Sachwert-Investment ergeben sich jedoch zwei Risiken:

a) Die *Finanzierungskosten* steigen unvorhergesehen. Dies wurde vielen Sachwertbesitzern Anfang der 1980er Jahre zum Verhängnis, die sich zu stark verschuldet hatten, ohne dabei mit der Gefahr zu rechnen, die von den steigenden Staats-Defiziten ausging, die zu immer höheren Zinsen führen. Jedes Sachwert-Investment muß daher mit entsprechend steigenden Finanzierungskosten rechnen. Es ist natürlich dann ideal placiert, wenn die Finanzierungskosten überwälzt werden können, wie dies zum Beispiel bei Schweizer Mietwohnungen der Fall ist, wo steigende Hypothekenzinsen sofort in steigenden Mieten aufgehen.

b) Der Sachwert entwickelt sich unterplanmäßig oder fällt (vorübergehend) in seinem Wert. Dieses vermindert seine »Deckungsfähigkeit«, d. h. der Anleger muß für *zusätzliche Sicherheiten* sorgen. Dieses Absacken eines Sachwerts mit nachfolgendem Nachschußbedarf ist vor allem am Edelmetall-Markt immer wieder zu beobachten: Die Bestände sind zu hoch beliehen. Sinkt der Preis, können nicht alle Sachwert-Besitzer für die genügenden zusätzlichen Sicherheiten sorgen: Es kommt zu *Notverkäufen*, was den Preis weiter drückt und zusätzliche Sicherheiten erfordert.

Das Finanzierungskosten-Problem umgehen Sie, indem Sie zunächst die wahrscheinlichen Inflationsraten hochrechnen. Diese ziehen erfahrungsgemäß immer auch den Zins nach oben und damit die Finanzierungskosten.

In dem kommenden Inflationsschub müssen Sie in den meisten Staaten endgültig mit zweistelligen Inflationsraten rechnen. Das bedeutet, daß auch die Zinsen zur Finanzierung Ihres Sachwerts zweistellig sein müssen.

Auf Sicht der nächsten zehn Jahre ist es durchaus möglich, daß wir Zinssätze von 20, 30 ja 40 Prozent erleben. Richten Sie sich bei der langfristigen Finanzierung ihres Sachwerts entsprechend ein.

Das Sicherheiten-Problem umgehen Sie, indem Sie sich bei der möglichen Wertentwicklung ihres Sachwerts von den Erfahrungen der letzten Jahre leiten lassen. Danach gaben

diese Sachwerte	bis zu soviel % im Wert nach
GOLD	**60**
SILBER	**90**
DIAMANTEN	**60**
UNBEBAUTE GRUNDSTÜCKE	**10**
MIETWOHNUNGEN	**5 – 10**
»VILLEN«	**40 – 50**
KUNST	**30 – 60**
MÜNZEN	**20 – 50**
BRIEFMARKEN	**20 – 50** usw.

Fällt ein am Markt bewerteter Sachwert auf die Hälfte, bedeutet das für Sie: doppelte Sicherheit, die Sie leisten müssen. Richten Sie sich also beim Sachwert-Investment immer auf den schlimmsten möglichen

Fall ein. Dann können Sie bei der Kreditierung keinen Fehler machen.

7. Alle *Geldwert-Anlagen* vermeiden Sie von vorneherein, wenn Sie nicht einen Schuldner finden, dessen Solvenz auch in Zukunft außer jedem Zweifel steht.

Da bei einem Staatsbankrott immer auch ein Banken-Bankrott droht, ziehen Sie Ihr Geld grundsätzlich von jenen Instituten ab, die im Sektor Staatskredit besonders »aktiv« waren, zumal von jenen Instituten, die führend im Ostkredit, im Lateinamerika- und Dritte-Welt-Kredit tätig waren. Grundsätzlich gilt: Je »internationaler« eine Bank operierte, desto anfälliger wird sie in Zukunft sein.

Am sichersten ist Ihr Geld in führenden *regionalen* Kreditinstituten, das umfaßt Sparkassen, Genossenschaftsbanken und bekannte Institute mit möglichst lokalem Bezug. Auch wenn diese Institute im Service nicht unbedingt das Äußerste bieten und vielleicht eine Woche brauchen, um Ihnen eine bestimmte amerikanische Aktie zu besorgen, was die »Großen« am Telefon erledigen, so bieten die »Regionalen« doch die Gewähr dafür, daß sie länger am Leben bleiben, wenn sie nicht überhaupt alle kommenden Stürme überstehen.

Wer international operierende Banken braucht, richtet sich am besten am Finanzplatz Schweiz ein. Die führenden dortigen Institute werden sicher noch am Markt sein, nachdem der Sturm so manchen anderen »Bankenplatz« gebeutelt hat. Jeder siebte Schweizer lebt vom Finanzplatz Schweiz; seine Funktionsfähigkeit ist nicht nur eine geschäftliche, sondern auch eine nationale Aufgabe, der sich die Schweiz kaum entziehen wird.

8. Was für die Auswahl der Schuldner gilt, hat auch Gewicht bei der Auswahl der Adressen, denen man *Risiko-Kapital* anvertraut, speziell Aktien. Betriebe, deren Aktivitäten stark mit dem Staat verflochten sind, fallen als Anlage-Objekte aus. Dies gilt grundsätzlich für die Bauwirtschaft, für Betriebe, die zivile staatliche Aufträge und Großobjekte abwickeln (Post-Lieferanten, Telekommunikation, Reaktorbau usw.) und auch für den militärindustiellen Komplex. Ein Rüstungsbetrieb produziert nichts als Abfall. Militärausgaben sind reiner Staatskonsum.

So notwendig die Landesverteidigung im Einzelfall auch sein mag: Staatsausgaben für die Rüstung sind ein höchst unsicherer Posten; sie werden im Verlauf der Staatsbankrotte ebenfalls in Mitleidenschaft gezogen und sie eignen sich auf keinen Fall, um darauf eine verantwortungsvolle Vermögens-Vorsorge aufzubauen.

Wer die Staatsbankrotte in der Geschichte verfolgt, stellt immer wieder das gleiche fest: Nachteile bis hin zum vollständigen Vermögensverlust hatten immer die Besitzer von Geldwert-Forderungen. Vorteile hatten immer die Schuldner von Geldwert-Forderungen. Die besten *Startchancen* für die *Zeit nach dem Staatsbankrott* hatten immer die Sachwertbesitzer. Dabei spielt es kaum eine Rolle, daß im Ablauf des Staatsbankrotts, der durchaus auch mit einer Deflation oder Depression einhergehen kann, der Sachwert *vorübergehend* ebenfalls entwertet bzw. nicht veräußerbar gewesen ist. Zum Beispiel waren Anteile an deutschen Unternehmen nach dem letzten Weltkrieg nicht handelbar, die Kurse extrem gedrückt. Aber in den 1950er Jahren haben sich die Werte solcher Anlagen oft verzehnfacht.

Gold ist ein Sachwert, dessen freier Handel fast regelmäßig unterbunden wird, wenn ein Staatsbankrott läuft. Aber in der begleitenden Inflation bleibt Gold international gültiges und *einsetzbares* Zahlungsmittel. Und mit Gold hat man *nach* dem Staatsbankrott immer einen Wert, mit dem man ein neues solides Vermögen aufbauen kann, während die anderen mit ihren Geldscheinen oder Geldwert-Forderungen die Schuhkartons unterm Bettgestell füllen.

Und wie es nach dem Staatsbankrott weitergeht

In Abbildung 13 sind die drei Varianten angegeben, wie es nach dem Zusammenbruch des Staates als Gläubiger weitergehen kann:

1. Es kommt zur temporären oder dauerhaften *Gewaltherrschaft*. Eine radikale Partei ergreift das Ruder, wie es in Deutschland nach dem Staatsbankrott von 1931 geschah. Die neuen Herren versprachen, mit der alten »Mißwirtschaft« aufzuräumen und eine »neue Zeit« anbrechen zu lassen.

Dieselben Argumente gebrauchen die Generale in der Türkei, in Polen, in Argentinien, wenn sie den zivilen Herrschern die Macht entreißen. Wie wir gesehen haben, führen aber Militär-Regimes (zumeist nach einer Zeit der »Besinnung«, der »Sparsamkeit«, der »Austerity«) doch wieder in die nächste Runde, hin zum nächsten Staatsbankrott. Manchmal kapitulieren sogar Militär-Diktaturen und geben wieder an zivile Regierungen ab, wie in Griechenland oder in Peru, wo einmal von »rechten«, einmal von »linken« Militärs regiert wurde, ohne die Probleme des Staates in den Griff zu bekommen.

Die Gewaltherrschaft ist bei aller Macht der Regierung immer nur eine neue Drehung in dem ewig gleichen Kreis von einem zum nächsten Staatsbankrott. Auch Militär-Regierungen können das Grundproblem des Staates, nämlich immer mehr auszugeben als einzunehmen und dies mit progressiver Wirkung, nicht beseitigen.

2. Es kommt zur *ungeregelten Auflösung des Staates*. Die Grundlagen des sozialen Ganzen verfallen immer mehr. Korruption grassiert, die Kriminalität nimmt zu, die Behörden bilden immer mehr einen Staat im Staate – um den sich aber letztlich auch wieder niemand kümmert, da sich jeder auf seine Art durchzusetzen weiß. Die Währung verfällt von Jahr zu Jahr. Das Interesse der Bürger an dem, was »Staat« und »Öffentlichkeit« heißt, wird immer geringer.

Die Rechtsordnung wird zum Zufall, die Richter sind bestochen oder werden bedroht. Die Institutionen verfallen. Ob jemand im Alter eine Rente zu erwarten hat – wer weiß? Bekommt man einen Platz im Krankenhaus – vielleicht? Auf nichts mehr ist Verlaß. Alles, was letztlich durchsetzbar ist, kann nur noch privat durchgesetzt werden. Es gilt das Wort von Al Capone: »Du kommst sehr weit, mit einem freundlichen Wort allein. Aber du kommst noch viel weiter mit einem freundlichen Wort und einem Revolver in der Hand«.

Private Banden und »Familien« regieren, Großgrundbesitzer und geheimnisvolle Konzern-Chefs. Es ist das Land der Tupamaros, de »Befreiungs-Bewegungen«, der Latifundistas. Es ist der Staat der Mafia.

3. *Der Staat löst sich geregelt auf.* Dies ist die »Genueser Variante«: nach dem Staatsbankrott Mitte des 14. Jahrhunderts übernahmen Bürger aus dem Volk die Abwicklung. Die Regierenden, überhaupt die »Politiker« wurden entmachtet.

Die Forderungen an den Staat wurden in einen privaten Konzern überführt, der allen Bürgern gehörte. Die Staats-»Wirtschaft« hatte aufgehört, zu existieren. Aus dem Teufelskreis von Staatsbankrotten, in dem sich die Menschen seit der Antike immer wieder drehen, gibt es nur ein Ausbrechen, indem man die Menschen beseitigt – oder den Staat.

Der »Staat« muß dabei nicht sogleich vollends verschwinden, er muß nur seine derzeitigen staatlichen d. h. besonders seine »sozialstaatlichen« Eigenschaften verlieren. Mit anderen Worten: Seinen unheilvollen Zwang, die Ausgaben progressiv über die Einnahmen zu steigern, bis er finanziell zusammenbricht und immer wieder namenloses Elend über seine Bürger bringt.

Die moderne Demokratie ist Ende des 18. Jahrhunderts in den Vereinigten Staaten von Amerika entstanden. Aus den USA kommen jetzt wieder neue, ermutigende Signale, die auf eine neue Zeit hindeuten: auf einen Abbau der Staatswirtschaft hin zu mehr privatem Freiraum, sprich zu mehr Wachstum und Wohlstand.

In den USA wird ein Verfassungszusatz diskutiert, der dem Staat vorschreibt, seinen Haushalt jedes Jahr auszugleichen. *Die Aufnahme von Schulden wäre dann von vorneherein unmöglich.*

Dies wäre der entscheidende Schritt in Richtung Staatsauflösung. Sobald der Staat keine Möglichkeit mehr hat, so zu tun, als könne er »mehr« als seine Bürger (was ihm nur durch das Schuldenmachen gelingen kann), werden die Bürger merken, daß sie alles, was der Staat so macht, selbst und untereinander und privat besser, billiger und auch gerechter können.

Sollte von Amerika ausgehend der Haushaltsausgleich und das Verbot, öffentliche Schulden zu machen, in den Verfassungen der Staaten verankert werden, wäre dies nicht nur das definitionsgemäße Ende aller Staatsbankrotte, sondern auch der letzte Artikel, der in irgendeiner Verfassung noch geändert werden müßte.

Der Staat würde danach genau jenem Zustand zustreben, den Karl Marx einst prophezeit hatte, der aber im Sozialismus nie zu erreichen war: er stürbe ab.

Paul C. Martin

Beobachtungen aus der Endzeit des sozialliberalen Versuchs

Wirtschaftsverlag Langen-Müller/Herbig

Günter Schmölders

Psychologie des Geldes

Wirtschaftsverlag Langen-Müller/Herbig